TRABALHAR BEM, TRABALHAR POR AMOR

2ª edição

Tradução
Magno de Siqueira

- @editoraquadrante
- @editoraquadrante
- @quadranteeditora
- Quadrante

Copyright © 2016 do Autor

Título original
*Trabajar bien, trabajar por amor: Sobre la santificación del trabajo
en las enseñanzas de san Josemaría Escrivá de Balaguer*

Capa
Gabriela Haeitmann

Dados Internacionais de Catalogação na Publicação (CIP)

Díaz, Javier López

Trabalhar bem, trabalhar por amor: sobre a santificação do trabalho nos ensinamentos de São Josemaria Escrivá / Javier López Díaz – 2ª ed. – São Paulo : Quadrante, 2025.

ISBN: 978-85-7465-774-5

1. Relações humanas 2. Trabalho I. Título II. Série

CDD 302.7261

Índice para catálogo sistemático:
Relações humanas : Trabalho : Cristianismo 302.7261

Todos os direitos reservados a
QUADRANTE EDITORA
Rua Bernardo da Veiga, 47 - Tel.: 3873-2270
CEP 01252-020 - São Paulo - SP
www.quadrante.com.br / atendimento@quadrante.com.br

SUMÁRIO

Apresentação	7
Um motivo sobrenatural	11
Sentido do trabalho	13
Santificar a atividade de trabalhar	16
Qualidades do motivo sobrenatural	18
A dignidade do trabalho depende de quem o realiza	20
Trabalhar com consciência	25
Virtudes humanas no trabalho	27
Coisas pequenas	32
Aprender a trabalhar bem	34
Entusiasmo profissional	36
Trabalho e contemplação (I)	39
Como em Nazaré. Como os primeiros cristãos	40
A contemplação dos filhos de Deus	41
Sob a ação do Espírito Santo	43
Pela senda da contemplação	46
Trabalho e contemplação (II)	49
Na oração e em todas as práticas de piedade	51
Enquanto se trabalha ou se realiza outra atividade	53
Contemplação «nas e através das» atividades ordinárias	54
Trabalho de Deus	59
Santidade e crescimento em santidade, no trabalho	61
A dignidade de todo o trabalho	64
Santificar o descanso	69
Harmonizar o trabalho e o descanso	70
Descansar como filhos de Deus	74
Santificar as diversões no lar e fora do lar	77
O eixo da nossa santificação	81
Trabalho profissional	82
Na trama da vida diária	85
A vocação profissional	89

Trabalhar por amor 93
   O trabalho nasce do amor 94
   O trabalho manifesta o amor 97
   O trabalho se ordena ao amor 99

Cruz e ressurreição no trabalho 105
   Em Nazaré e no Calvário 106
   Cumprimento do dever 108
   O valor do esforço e da fadiga 111
   A luz da Ressurreição 114
   «Em união com o sacrifício da Missa» 116

Santificar com o trabalho 119
   Em unidade vital 120
   «Eu vos escolhi para que vades e deis frutos» (Jo 15, 16) 122
   Como brasa acesa 125
   Orientar a sociedade 128

Unidade de vida na profissão 131
   Retidão de intenção 132
   Critério reto 134
   Valentia 136

Santificação do trabalho e cristianização da sociedade 141
   Cristianizar a sociedade 143
   Por meio do trabalho 147

Prestígio profissional 151
   Prestígio e humildade 152
   Por amor a Deus e às almas 154
   Em todos os trabalhos 156

Trabalho e família 159
   Imitar a São José 161
   Apostolado urgente 163

A força do fermento 165
   Ser do mundo sem ser mundanos 166
   Mentalidade laical, com alma sacerdotal 169

Trabalhar a todo momento 173
   Mentalidade laical, com alma sacerdotal 174
   O final de uma etapa, o começo de outra 178

Jesus Cristo nas entranhas do trabalho 181
   «Quando eu tiver sido levantado sobre a terra...» ... 182
   Reinado de Cristo e progresso temporal 189

APRESENTAÇÃO

Milhões de pessoas se dirigem a cada dia para o seu trabalho. Algumas vão a contragosto, como que obrigadas a uma tarefa que não lhes interessa nem lhes agrada. Outras se importam apenas com o salário que receberão, e só isso lhes dá alento para trabalhar. Outras ainda encarnam o que Hannah Arendt chama de «*animal laborans*»: o trabalhador sem outro fim nem horizonte que o próprio trabalho ao qual a vida o destinou e que realiza por inclinação natural ou por costume. Acima de todas elas em humanidade se encontra a figura do «*homo faber*», o que trabalha com perspectivas mais amplas, com o afã de levar adiante uma empresa ou projeto, algumas vezes buscando a afirmação pessoal, mas outras muitas com a aspiração nobre de servir aos demais e de contribuir com o progresso da sociedade.

Entre estas últimas deveriam se encontrar os cristãos, e não apenas ocupando o primeiro lugar, mas sim um nível superior até. Porque se são cristãos de verdade, não se sentirão escravos nem assalariados, mas sim filhos de Deus para quem o trabalho é uma vocação e uma missão divina que se deve cumprir por amor e com amor.

Em seu célebre discurso de 2008 ao Collège de Bernadins, em Paris, Bento XVI mostrou que o cristianismo possui a chave para compreender o sentido do trabalho ao afirmar que o homem está chamado a prolongar a obra criadora de Deus com a sua ocupação, e que deve aperfeiçoar a criação usando a sua liberdade, guiado pela sabedoria e pelo amor. O próprio filho de Deus feito homem trabalhou muitos anos em Nazaré, e «assim santificou o trabalho e lhe conferiu um peculiar valor para o nosso amadurecimento»[1]. Tudo isso mostra que o trabalho é «vocação» do homem, «lugar» para seu crescimento como filho de Deus e, mais ainda, «matéria» de sua santificação e de cumprimento da missão apostólica. Por isso o cristão não precisa temer o esforço nem a fadiga, mas, pelo contrário, há de abraçá-los com alegria: «uma alegria que tem as suas raízes em forma de Cruz»[2].

A última expressão é de São Josemaria Escrivá, o santo que ensinou a «santificar o trabalho», convertendo-o em nada menos que trabalho de Deus. As páginas deste livro se inspiram na sua mensagem. Melhor dito, inspiram-se no Evangelho, pois São Josemaria não fez outra coisa que ensinar as palavras e a vida de Jesus, sobretudo os anos transcorridos em Nazaré junto a José, de quem aprendeu a trabalhar como artesão, e a Maria, que lhe serviu com seu trabalho de dona de casa.

Jesus, Maria e José aparecem na capa deste livro[3], que reproduz uma das cenas do retábulo em alabastro que se encontra no Santuário de Torreciudad (Aragão, Espa-

---

(1) Papa Francisco, Encíclica *Laudato Si'*, 24.5.2015, n. 98.
(2) Josemaria Escrivá, *Forja*, 4ª edição, Quadrante, São Paulo, 2016, n. 28.
(3) O autor se refere à edição original. (N. do E.)

nha), obra-prima do escultor Joan Mayné. O leitor pode contemplar nessa imagem tudo o que se dispõe a ler neste livro. Inclusive, se quiser, pode entrar aí como um a mais na família de Nazaré, porque também é filho de Deus, e essa casa e empresa é escola para aprender como se há de converter o trabalho em oração: em uma «missa» que dá glória a Deus, redime e melhora o mundo.

Agradeço ao Escritório de Informação do Opus Dei a iniciativa de recolher em um livro esses artigos que apareceram antes em sua página da internet. Não se pretendeu realizar uma exposição sistemática da mensagem de São Josemaria sobre a santificação do trabalho[4], mas sim oferecer um conjunto de textos sobre diversos aspectos do tema, que foram preparados para serem lidos separadamente. Por esse motivo, ao reuni-los, notam-se algumas repetições que, por outro lado, facilitam a leitura de cada texto. Um agradecimento especial vai ao doutor Carlos Ruiz Montoya por sua ajuda na elaboração dos artigos.

Oxalá estas páginas possam ajudar a descobrir – ou a redescobrir – o ideal de santificar o trabalho profissional, e também a buscá-lo com entusiasmo, sabendo que, enquanto trabalhamos, há um Pai que, do céu, se compraz em seus filhos e atrai a humanidade inteira para si.

Javier López Díaz
Roma, 26.06.2016

---

(4) Para isso se pode consultar o volume três do livro de Ernst Burkhart e Javier López, *Vida cotidiana y santidad en la enseñanza de san Josemaría*, Rialp, Madri, 2010.

UM MOTIVO SOBRENATURAL

A mensagem que Deus fez São Josemaria ver no dia 2 de outubro de 1928 «recolhe a formosíssima realidade – esquecida durante séculos por muitos cristãos – de que qualquer trabalho humanamente digno e nobre se pode converter em tarefa divina»[1].

Muitas pessoas deram uma guinada em suas vidas ao conhecer essa doutrina, às vezes apenas por ouvir falar da santificação do trabalho. Homens e mulheres que trabalhavam com horizontes terrenos, de duas dimensões, entusiasmam-se ao saber que sua tarefa profissional pode adquirir uma terceira dimensão, transcendente, que dá relevo de eternidade à vida cotidiana. Como não pensar no gozo daquele personagem do Evangelho que *ao encontrar um tesouro escondido no campo, foi e vendeu tudo o que tinha para comprar aquele campo* (Mt 13, 44)?

---

(1) Josemaria Escrivá, *Entrevistas com Mons. Josemaria Escrivá*, 4ª edição, Quadrante, São Paulo, 2016, n. 55.

O Espírito Santo fez com que São Josemaria descobrisse esse tesouro nas páginas do Evangelho, especialmente nos longos anos de Jesus em Nazaré. «Anos de sombra, mas, para nós, claros como a luz do Sol»[2], porque:

> Esses anos ocultos do Senhor não são coisa sem significado, ou uma simples preparação dos anos que viriam depois, os anos da sua vida pública. Desde 1928, compreendi claramente que Deus desejava que os cristãos tomassem por exemplo toda a vida do Senhor. Entendi especialmente a sua vida escondida, a sua vida de trabalho comum entre os homens[3].

Graças a essa luz de Deus, o Fundador do Opus Dei ensinou constantemente que o trabalho profissional é uma realidade santificável e santificadora. Verdade simples e grandiosa que o Magistério da Igreja ratificou no Concílio Vaticano II[4], e recolheu depois no Catecismo, onde se afirma que «O trabalho pode ser um meio de santificação e uma animação das realidades terrenas no Espírito de Cristo»[5].

«Com sobrenatural intuição» – são palavras de São João Paulo II – «o Beato Josemaria pregou incansavelmente a chamada universal à santidade e ao apostolado. Cristo convoca todos a santificar-se na realidade da vida cotidiana; por isso, o trabalho é também meio de san-

---

(2) Josemaria Escrivá, *É Cristo que passa*, 4ª edição, Quadrante, São Paulo, 2016, n. 14.

(3) *Idem*, n. 20.

(4) Cf. Concílio Vaticano II, Constituição dogmática *Lumen gentium*, 21.11.1964, 21 ns. 31-36; Constituição pastoral *Gaudium et spes*, 7.12.1965, ns. 33-39; Decreto *Apostolicam actuositatem*, 7.12.1965, ns. 1-3, 7.

(5) *Catecismo da Igreja Católica*, n. 2427.

tificação pessoal e de apostolado quando se vive em união com Jesus Cristo»[6].

São Josemaria foi o instrumento de Deus para difundir esta doutrina, abrindo, a uma multidão de cristãos, perspectivas imensas de santidade e de santificação da sociedade humana desde dentro, ou seja, desde a estrutura mesma das relações profissionais que a configuram.

Esta semente dará os frutos que o Senhor espera, se houver cristãos decididos a empenhar-se o necessário para compreendê-la e levá-la à prática com a ajuda de Deus, porque a santificação do trabalho não é só uma ideia que basta explicar para que se entenda; é um ideal que se tem de buscar e conquistar por amor a Deus, conduzidos pela sua graça.

Sentido do trabalho

Desde o começo da Sagrada Escritura, no livro do Gênesis, revela-se o sentido do trabalho. Deus, que fez boas todas as coisas, «quis livremente criar um mundo "em estado de caminho" para a perfeição última»[7], e criou o homem *ut operaretur* (Gn 2, 15)[8], para que com seu trabalho «prolongasse de certo modo a obra criadora e alcançasse a sua própria perfeição»[9]. O trabalho é vocação do homem. «Estamos chamados ao trabalho desde a nossa criação»[10].

---

(6) São João Paulo II, *Homilia*, 17.5.1992. Cf. também, entre outros textos: *Discurso*, 19.3.1979; *Discurso*, 12.1.2002, n. 2.

(7) *Catecismo da Igreja Católica*, n. 310.

(8) Cf. Gn 1, 28.

(9) Cf. *Catecismo da Igreja Católica*, n. 2427; *Gaudium et spes*, ns. 34-35.

(10) *Laudato Si'*, 24.5.2015, n. 128.

A grandeza do trabalho humano era ignorada no mundo antigo. Bento XVI fez notar que:

> O mundo greco-romano desconhecia um Deus-
> -Criador; na sua concepção, a divindade suprema não
> podia, por assim dizer, sujar as próprias mãos com a
> criação da matéria. «Construir» o mundo estava reser-
> vado ao demiurgo, uma divindade subordinada. Bem
> distinto é o Deus cristão: Ele, o Uno, o verdadeiro
> e único Deus, é também o Criador. Deus trabalha;
> continua a trabalhar na e sobre a história dos homens.
> Em Cristo, entra como Pessoa no trabalho cansativo
> da história [...]. Assim o trabalho dos homens deveria
> aparecer como uma expressão particular da sua seme-
> lhança com Deus e, deste modo, o homem tem a fa-
> culdade e pode participar no agir de Deus na criação
> do mundo[11].

Como consequência do pecado, o trabalho está acom-
panhado de fadiga e muitas vezes de dor (cf. Gn 3, 18-
-19). Mas, ao assumir a nossa natureza para nos salvar,
Jesus Cristo transformou o cansaço e as dificuldades em
meios para manifestar o amor e a obediência à Vontade
divina, e reparar a desobediência do pecado.

Assim viveu Jesus durante seis lustros: era *fabri filius* (Mt 13, 55), o filho do carpinteiro. [...] Era o *faber,
filius Mariae*, o carpinteiro, filho de Maria. E era Deus;
e estava realizando a redenção do gênero humano; e
estava a *atrair a si todas as coisas* (Jo 12, 32)[12].

---

(11) Bento XVI, *Discurso no Collège des Bernardins*, Paris, 12.9.2008.

(12) Josemaria Escrivá, *É Cristo que passa*, n. 14.

Junto a essa realidade do trabalho de Jesus Cristo, que nos mostra a plenitude de seu sentido, temos que considerar que, por graça sobrenatural, somos filhos de Deus e formamos uma só coisa com Jesus Cristo, como a cabeça com o corpo. Sua vida sobrenatural é vida nossa, e participamos também de seu sacerdócio para ser corredentores com Ele.

Essa profunda união do cristão com Cristo ilumina o sentido de todas as nossas atividades e, em particular, do trabalho. Nos ensinamentos de São Josemaria, o fundamento da santificação do trabalho é o sentido da filiação divina, a consciência de que «Cristo quer encarnar-se nos nossos afazeres»[13].

A visão cristã do sentido do trabalho se compendia nas seguintes palavras:

> O trabalho acompanha inevitavelmente a vida do homem sobre a terra. Com ele aparecem o esforço, a fadiga, o cansaço: manifestações da dor e da luta que fazem parte da nossa existência humana atual, e que são sinais da realidade do pecado e da necessidade da redenção. Mas o trabalho em si mesmo não é uma pena, nem uma maldição ou castigo; aqueles que falam assim não leram bem a Sagrada Escritura. [...]
>
> O trabalho, todo trabalho, é testemunho da dignidade do homem, de seu domínio sobre a criação; é meio de desenvolvimento da própria personalidade; é vínculo de união com os demais seres; fonte de recursos para o sustento da família; meio de contribuir

---

(13) *Idem,* n. 174.

para o progresso da sociedade em que se vive e para o progresso de toda a humanidade.

Para um cristão, essas perspectivas se alongam e se ampliam, porque o trabalho aparece como participação na obra criadora de Deus [...]. E porque, além disso, ao ser assumido por Cristo, o trabalho se nos apresenta como realidade redimida e redentora: não é apenas a esfera em que o homem se desenvolve, mas também meio e caminho de santidade, realidade santificável e santificadora[14].

Santificar a atividade de trabalhar

Uma expressão que saía com frequência dos lábios de São Josemaria nos introduz no esplêndido panorama da santidade e do apostolado no exercício de um trabalho profissional:

Para a grande maioria dos homens, ser santo significa santificar o seu trabalho, santificar-se no trabalho e santificar os outros com o trabalho[15].

São três aspectos de uma mesma realidade, inseparáveis e ordenados entre si. O primeiro é santificar – fazer santo – o trabalho, a atividade de trabalhar. Santificar o trabalho é fazer santa essa atividade, fazer santo o ato da pessoa que trabalha.

---

(14) *Idem*, n. 47.

(15) Josemaria Escrivá, *Entrevistas com Mons. Josemaria Escrivá*, n. 55. Cf. *É Cristo que passa*, n. 45; *Amigos de Deus*, n. 120.

Disso dependem dois outros aspectos, porque o trabalho santificado é também santificador: santifica-nos a nós mesmos, e é meio para a santificação dos outros e para empapar a sociedade de espírito cristão. Convém, pois, que nos detenhamos a considerar o primeiro ponto: o que significa fazer santo o trabalho profissional.

Um ato nosso é santo quando é um ato de amor a Deus e aos outros por Deus: um ato de amor sobrenatural – de caridade –, que pressupõe, nesta terra, a fé e a esperança. Um ato assim é santo porque a caridade é a participação na infinita Caridade, que é o Espírito Santo[16], o Amor subsistente do Pai e do Filho, de tal maneira que um ato de caridade é um tomar parte na vida sobrenatural da Santíssima Trindade: é tomar parte na santidade de Deus.

No caso do trabalho profissional, é necessário ter em conta que a atividade de trabalhar tem por objeto as realidades deste mundo – cultivar um campo, pesquisar uma ciência, oferecer serviços... – e que, para ser humanamente boa e santificável, precisa ser exercício de virtudes humanas. Mas isso não basta para que a atividade seja santa.

O trabalho é santificado quando é realizado por amor a Deus, para lhe dar glória – e, em consequência, como Deus quer, cumprindo a sua vontade: praticando as virtudes cristãs informadas pela caridade –, para oferecê-lo a Deus em união com Cristo, já que «por Cristo, com Cristo e em Cristo, a Vós, Deus Pai todo poderoso, na unidade do Espírito Santo, toda a honra e toda a glória»[17].

---

(16) São Tomás de Aquino, *Summa Theologiae*, II-II, q. 24, a. 7, c.

(17) Missal Romano, Cânon da Missa.

«Põe um motivo sobrenatural na tua atividade profissional de cada dia, e terás santificado o trabalho»[18]. Com essas breves palavras, o fundador do Opus Dei mostra a chave da santificação do trabalho. A atividade humana de trabalhar se santifica quando se leva a cabo por um motivo sobrenatural: por amor a Deus.

O ponto decisivo não é, portanto, que o nosso trabalho saia bem, mas sim que trabalhemos por amor a Deus, já que é isso que Ele busca em nós: Deus olha o coração (cf. 1 Sm 16, 7). A chave é o motivo sobrenatural, a finalidade última, a retidão de intenção, a realização do trabalho por amor a Deus e para servir às outras pessoas por Deus. «Eleva-se assim o trabalho à ordem da graça, santifica-se, converte-se em obra de Deus, *operatio Dei*, Opus Dei»[19].

Qualidades do motivo sobrenatural

O motivo sobrenatural é sincero se influi eficaz e radicalmente no modo de trabalhar, levando-nos a cumprir a nossa tarefa com perfeição, como Deus quer, dentro das nossas limitações pessoais, com as quais Ele conta.

O motivo sobrenatural que torna o trabalho santo não é algo que simplesmente se justapõe à atividade profissional; é, antes, um amor a Deus e aos outros por Deus que influi radicalmente na atividade em si, estimulando a realizá-la bem, com competência e perfeição porque:

---

(18) Josemaria Escrivá, *Caminho*, 11ª edição, Quadrante, São Paulo, 2016, n. 359.

(19) Josemaria Escrivá, *Entrevistas com Mons. Josemaria Escrivá*, n. 10.

Não podemos oferecer ao Senhor uma coisa que, dentro das pobres limitações humanas, não seja perfeita, sem mancha, realizada com atenção até nos mínimos detalhes: Deus não aceita trabalhos «marretados». *Não apresentareis nada de defeituoso,* admoesta-nos a Escritura Santa, *pois não seria digno dEle.* Por isso o trabalho de cada qual – essa atividade que ocupa as nossas jornadas e energias – há de ser uma oferenda digna aos olhos do Criador, *operatio Dei,* trabalho de Deus e para Deus; numa palavra, uma tarefa acabada, impecável[20].

Uma «boa intenção» que não nos levasse a trabalhar bem não seria uma intenção boa, não seria amor a Deus. Seria uma intenção ineficaz e oca, um desejo débil, que não chega a superar o obstáculo da preguiça ou da comodidade. O verdadeiro amor se plasma no trabalho bem feito.

Dar um motivo sobrenatural ao trabalho também não é acrescentar algo «santo» à atividade de trabalho bem-feita. Não basta recitar uma oração enquanto se trabalha para santificar o trabalho, embora essa oração – quando é possível fazê-la – seja sinal de que se trabalha por amor a Deus e meio para crescer nesse amor. Mais ainda: para santificar o trabalho dando-lhe um motivo sobrenatural, é imprescindível buscar a presença de Deus, e muitas vezes isso se concretiza em pequenos atos de amor, em orações e jaculatórias, seja por ocasião de uma pausa ou de outras circunstâncias que ditam o

---

(20) Josemaria Escrivá, *Amigos de Deus,* 3ª edição, Quadrante, São Paulo, 2014, n. 55.

ritmo do trabalho. Para isso são de grande ajuda os expedientes humanos[21].

Mas vale a pena insistir em que não se deve parar por aí, porque santificar o trabalho não consiste essencialmente em realizar algo santo enquanto se trabalha, mas sim em tornar santo o próprio trabalho. E isso se alcança dando-lhe um motivo sobrenatural, que configura essa atividade e a impregna tão profundamente que a converte num ato de fé, esperança e caridade; e que também mobiliza as virtudes humanas, a fim de que se possa levar a cabo o trabalho com perfeição moral para então o oferecer a Deus. É assim que o trabalho se transforma em oração: uma oração que aspira a ser contemplação.

A dignidade do trabalho depende de quem o realiza

Outra consequência importante de a raiz da santificação do trabalho estar no motivo sobrenatural é a de que todo trabalho profissional é santificável, desde o mais brilhante ante os olhos humanos até o mais humilde, pois a santificação não depende do tipo de trabalho, mas sim do amor a Deus com que se realiza. Basta pensar nos trabalhos de Jesus, Maria e José em Nazaré: tarefas correntes, ordinárias, semelhantes às de milhões de pessoas, mas realizadas com o mais alto e pleno amor.

---

(21) Expedientes humanos são objetos colocados à vista por iniciativa pessoal, a fim de manter a presença de Deus durante o trabalho e retificar a intenção. Com frequência, são artigos de piedade – um crucifixo, uma imagem da Virgem, um rosário –, mas podem ser quase qualquer objeto que leve o pensamento e a intenção até Deus. (N. do E.)

«A dignidade do trabalho depende não tanto do que se faz, quanto de quem o executa, o homem, que é um ser espiritual, inteligente e livre»[22]. O maior ou menor valor do trabalho deriva da sua bondade enquanto ação espiritual e livre, ou seja: do amor que escolhe seu fim, que é ato próprio da liberdade.

Convém não esquecer, portanto, que esta dignidade do trabalho se baseia no Amor. O grande privilégio do homem é poder amar, transcendendo assim o efêmero e o transitório. O homem pode amar as outras criaturas, dizer um «tu» e um «eu» cheios de sentido. E pode amar a Deus, que nos abre as portas do céu, que nos constitui membros da sua família, que nos autoriza a falar-lhe também de tu a Tu, face a face. Por isso, o homem não se deve limitar a fazer coisas, a construir objetos. O trabalho nasce do amor, manifesta o amor, orienta-se para o amor[23].

O amor a Deus faz grandes as coisas pequenas: os detalhes de ordem, de pontualidade, de serviço ou de amabilidade, que contribuem para a perfeição do trabalho. «Fazei tudo por amor. – Assim não há coisas pequenas: tudo é grande. – A perseverança nas coisas pequenas, por Amor, é heroísmo»[24].

Quem compreende que o valor santificador do trabalho depende essencialmente do amor a Deus com que é realizado, e não do seu relevo social e humano, terá em al-

---

(22) São João Paulo II, *Discurso*, 3.8.1986, n. 3. Cf. *Entrevistas com Mons. Josemaria Escrivá*, n. 109.

(23) Josemaria Escrivá, *É Cristo que passa*, n. 48.

(24) Josemaria Escrivá, *Caminho*, n. 813.

ta conta esses detalhes, especialmente os que passam despercebidos aos olhos dos outros, porque só Deus os vê.

Pelo contrário, trabalhar por motivos egoístas – como o desejo de autoafirmação, de brilho, de realizar sobretudo os próprios projetos e gostos –; trabalhar por ambição de prestígio, por vaidade, por poder; trabalhar com o dinheiro como meta suprema: tudo isso leva a pessoa a cuidar somente das aparências e impede radicalmente a santificação do trabalho, porque equivale a oferecê-lo ao ídolo do amor-próprio.

Esses motivos se apresentam poucas vezes em estado puro, mas podem conviver com intenções nobres e inclusive sobrenaturais, permanecendo latentes – quiçá durante um longo tempo – como os acúmulos de lama no fundo da água limpa. Seria uma imprudência ignorá-los, porque a qualquer momento – talvez por ocasião de uma dificuldade, uma humilhação ou um fracasso profissional – podem turvar toda a conduta. É necessário detectar esses motivos egoístas, reconhecê-los sinceramente e combatê-los, purificando a intenção com oração e sacrifício, com humildade e serviço generoso aos demais.

Convém voltar o olhar uma e outra vez ao trabalho de Jesus nos anos da sua vida oculta, para aprender a santificar a nossa tarefa.

Senhor, concede-nos a tua graça. Abre-nos a porta da oficina de Nazaré, para que aprendamos a contemplar-te, com a tua Mãe Santa Maria e com o Santo Patriarca José – a quem tanto amo e venero –, dedicados os três a uma vida de trabalho santo. Comover-se-ão os nossos pobres corações, iremos à tua procura e te encontraremos no trabalho cotidiano, que Tu desejas que convertamos em obra de Deus, em obra de Amor[25].

---

(25) Josemaria Escrivá, *Amigos de Deus*, n. 72.

TRABALHAR COM CONSCIÊNCIA

Se queremos de verdade santificar o trabalho, é preciso que cumpramos ineludivelmente a primeira condição: trabalhar, e trabalhar bem!, com seriedade humana e sobrenatural[1].

Já vimos, no capítulo anterior, que trabalhar por um «motivo sobrenatural» é a alma da santificação do trabalho[2]. Agora nos deteremos a considerar que a «matéria» vivificada por essa alma é o trabalho bem feito. O motivo sobrenatural, se é autêntico amor a Deus e ao próximo, reclama necessariamente que procuremos levar a cabo nossa tarefa o melhor possível.

São Josemaria ensina que a santificação do trabalho supõe a boa realização do próprio trabalho, sua perfeição humana, o bom cumprimento de todas as obrigações profissionais, entremeadas às familiares e sociais. É necessário trabalhar com consciência, com senso de responsabilidade, com amor e perseverança, sem abandonos ou leviandades.

---

(1) Josemaria Escrivá, *Forja*, n. 698.

(2) Cf. Josemaria Escrivá, *Caminho*, n. 359.

Para meditar com fruto esse ensinamento, convém observar que, quando falamos de «trabalhar bem», referimo-nos antes de tudo à atividade de trabalhar, não ao resultado do trabalho.

Pode acontecer que se trabalhe bem e, no entanto, a tarefa saia mal, seja por um equívoco involuntário ou por algum fator que não dependeu do operário. Nesses casos – que se apresentam com frequência – fica clara a diferença entre quem trabalha com sentido cristão e quem busca principalmente o êxito humano. Para o primeiro, o que tem valor é, antes de tudo, a própria atividade de trabalhar e, ainda que não tenha obtido um bom resultado, sabe que não se perdeu nada do que procurou fazer bem por amor a Deus e com desejos de procurar corredimir com Cristo; por isso, não se abate pelas contrariedades, mas – superando-as – vê nelas a possibilidade de se unir mais à Cruz do Senhor. Por outro lado, para o segundo, tudo se malogrou se não saiu bem. Evidentemente, quem pensa assim nunca entenderá o que é santificar a atividade profissional.

Trabalhar com consciência é trabalhar com perfeição humana e por um motivo sobrenatural. Não é trabalhar humanamente bem e depois acrescentar um motivo sobrenatural. É algo mais profundo, porque precisamente é o amor a Deus o que deve levar um cristão a realizar com perfeição o seu encargo, já que:

Não podemos oferecer ao Senhor uma coisa que, dentro das pobres limitações humanas, não seja perfeita, sem mancha, realizada com atenção até nos mínimos detalhes: Deus não aceita trabalhos «marretados». *Não apresentareis nada de defeituoso,* admoesta-

-nos a Escritura Santa, *pois não seria digno dEle* (Lv 22, 20)[3].

Quando se procura agir assim, é normal que o trabalho saia bem e se obtenham bons resultados. Mais ainda: costuma acontecer que quem busca santificar o trabalho se destaque profissionalmente entre os seus iguais, pois o amor a Deus o impulsiona a «exceder-se com gosto, e sempre, no dever e no sacrifício»[4]. Mas não é necessário esquecer que Deus permite às vezes contradições e fracassos humanos para que purifiquemos nossa intenção e participemos da Cruz do Senhor. E isso não significa que não se tenha trabalhado bem e santificado essa tarefa.

Virtudes humanas no trabalho

Para trabalhar bem é necessário exercitar as virtudes humanas informadas pela caridade.

É toda uma trama de virtudes que se põe em jogo quando desempenhamos o nosso ofício com o propósito de santificá-lo: a fortaleza, para perseverarmos no trabalho, apesar das naturais dificuldades e sem nos deixarmos vencer nunca pelo acabrunhamento; a temperança, para nos gastarmos sem reservas e para superarmos o comodismo e o egoísmo; a justiça, para cumprirmos os nossos deveres para com Deus, para com a sociedade, para com a família, para com os colegas; a prudência, para sabermos em cada caso

---

(3) Josemaria Escrivá, *Amigos de Deus*, n. 55.
(4) Josemaria Escrivá, *Sulco*, 4ª edição, Quadrante, São Paulo, 2016, n. 527.

o que convém fazer e nos lançarmos à obra sem dilações... E tudo, insisto, por Amor[5].

Todas as virtudes humanas são necessárias, porque formam um tecido em que os fios se reforçam uns aos outros. Mas há uma ordem: uns fios se põem antes que outros, como acontece na trama de um tapete.

Uma vez que a primeira condição é trabalhar – e trabalhar bem –, compreende-se que São Josemaria destaque «duas virtudes humanas – a laboriosidade e a diligência – que se confundem numa só: no empenho em tirar proveito dos talentos que cada um recebeu de Deus»[6].

Como na parábola do Evangelho, o Senhor outorgou a cada um os talentos necessários para cumprir a missão de pô-lO na entranha das atividades humanas santificando a profissão. Não é lícito comportar-se como o servo mau e preguiçoso (cf. Mt 25, 26), que enterrou o talento recebido. Deus quer que façamos render, por amor dEle, os dons que nos deu. E para isso é preciso trabalhar com empenho e constância, com rigor, com qualidade humana, pondo todo o esforço necessário.

A laboriosidade e a diligência inclinam-se juntas a encarar o trabalho que se deve fazer – não qualquer outra coisa, ou apenas o que apetece –, e a realizá-lo como e quando se deve.

Quem é laborioso aproveita o tempo, que não é apenas ouro; é glória de Deus! Faz o que deve e está no que faz, não por rotina nem para ocupar as horas, mas como fruto de uma reflexão atenta e ponderada. Por

---

(5) Josemaria Escrivá, *Amigos de Deus*, n. 72.
(6) *Idem*, n. 81.

isso é diligente. O uso normal desta palavra – diligente – já nos evoca a sua origem latina. Diligente vem do verbo *diligo*, que significa amar, apreciar, escolher alguma coisa depois de uma atenção esmerada e cuidadosa. Não é diligente quem se precipita, mas quem trabalha com amor, primorosamente[7].

À laboriosidade se opõe a preguiça, vício capital e «mãe de todos os vícios»[8]. Uma das suas formas é a demora no cumprimento das obrigações[9]: adiar o que custa e dar prioridade a outras coisas que de que se gosta ou que exigem menos esforço. «Não deixes o teu trabalho para amanhã»[10] aconselha São Josemaria, porque às vezes

somos demasiado comodistas, esquecemo-nos da bendita responsabilidade que pesa sobre os nossos ombros, conformamo-nos com o que basta para dar um jeito, deixamo-nos arrastar por razões sem razão para ficar com os braços cruzados, enquanto Satanás e os seus aliados não tiram férias[11].

Não servimos a Deus com lealdade «quando nos podem apontar como ociosos, impontuais, frívolos, desordenados, preguiçosos, inúteis...»[12].

No extremo oposto, a laboriosidade se deforma quando não se estabelecem os devidos limites para o trabalho, exigidos pelo necessário descanso ou pela atenção à famí-

---

(7) Josemaria Escrivá, *Amigos de Deus*, n. 81.

(8) Josemaria Escrivá, *Sulco*, n. 505; cf. *Catecismo da Igreja Católica*, n. 1866.

(9) São Tomás de Aquino, *Summa Theologiae*, II-II, q. 54, a. 2, ad 1.

(10) Josemaria Escrivá, *Caminho*, n. 15.

(11) Josemaria Escrivá, *Amigos de Deus*, n. 62.

(12) *Ibidem*.

lia e a outras relações de que é preciso cuidar. São Josemaria nos alerta para o perigo da «profissionalite», que é como chama a esse defeito, para dar a entender que é uma inflamação patológica da atividade profissional.

A tarefa profissional é campo para o exercício de todas as virtudes humanas, imitando o exemplo dos anos de Jesus em Nazaré. A ordem e a serenidade, a alegria e o otimismo, a robustez e a constância, a lealdade, a humildade e a mansidão, a magnanimidade e as outras virtudes fazem do trabalho profissional um terreno fecundo que se enche de frutos com a chuva da graça.

Na sua pregação sobre as virtudes humanas no trabalho, São Josemaria recorre com frequência à alegoria do burrico: «Oxalá adquiras – queres alcançá-las – as virtudes do burrico!: humilde, duro para o trabalho e perseverante, teimoso!, fiel, seguríssimo no seu passo, forte e – se tiver bom dono – agradecido e obediente»[13].

Em especial se fixa no trabalho do «burrico de nora»:

> Bendita perseverança a do burrico de nora! – Sempre ao mesmo passo. Sempre as mesmas voltas. – Um dia e outro; todos iguais.
>
> Sem isso, não haveria maturidade nos frutos, nem louçania no horto, nem teria aromas o jardim.
>
> Leva este pensamento à tua vida interior[14].

O exemplo lhe serve para elogiar a perseverança no trabalho e no cumprimento dos deveres, para louvar o vigor e, especialmente, a humildade de quem se sabe ins-

---

(13) Josemaria Escrivá, *Forja*, n. 380.

(14) Josemaria Escrivá, *Caminho*, n. 998.

trumento nas mãos de Deus e não se atribui a si mesmo os méritos das obras que realiza[15].

A metáfora é de origem bíblica. São Josemaria a toma da oração do salmista, citando-a amiúde em latim: «Ut iumentum factus sum apud te...»; *Como um burrico sou diante de Ti, e estarei contigo. Tomaste-me com a mão direita, conduzes-me segundo o teu desígnio e depois me acolherás na tua glória* (Sl 72 [73], 22-24).

Contempla também a figura do burrico escolhido pelo Senhor para a sua entrada triunfal em Jerusalém (cf. Mc 11, 2-7), considerando que «Jesus se contenta com um pobre animal por trono»[16]: «um burrico foi seu trono em Jerusalém»[17]. Com isso, comenta o Bem-aventurado Álvaro del Portillo, quer ensinar a «trabalhar com humildade e perseverança, para que também nós possamos ser trono do Senhor»[18], deixando-O reinar no próprio coração e pô-lO assim no cume das atividades humanas, não obstante as nossas misérias pessoais[19].

Sem a luta para praticar diariamente as virtudes humanas no trabalho seria fácil acabar como aqueles que se consideram cristãos «praticantes» porque assistem a atos de culto e recitam algumas orações, mas deixam que a sua vida profissional discorra, mais ou menos descaradamente, à margem da moral cristã, com faltas de justiça, de veracidade, de honradez...

---

(15) Cf. Josemaria Escrivá, *Forja*, n. 607.

(16) Josemaria Escrivá, *É Cristo que passa*, n. 181.

(17) Josemaria Escrivá, *Caminho*, n. 606.

(18) Bem-aventurado Álvaro del Portillo, nota 143 a *Instrução* 9.1.1935, n. 221. Citado em Ernst Burkhart e Javier López, *Vida cotidiana y santidad en la enseñanza de san Josemaría*, III, pág. 176.

(19) Cf. Josemaria Escrivá, *Forja*, n. 607; *Amigos de Deus*, n. 137.

O trabalho de quem age assim não é agradável a Deus, e não pode se dizer que esteja bem feito, nem santificado, ainda que obtenha resultados brilhantes aos olhos humanos e seja notório por sua perfeição técnica em alguns aspectos. São Josemaria ensinou sempre a pôr em prática a fé – a encarná-la! – no trabalho profissional, com unidade de vida. O que se consegue mediante as virtudes humanas informadas pela caridade.

Sem a caridade, o esforço humano não basta para santificar o trabalho, porque a caridade é a essência da santidade. Um cristão muito eficaz, mas sem caridade, não santifica o seu trabalho. Na realidade, nem se pode dizer que trabalha bem, porque a caridade está no interior das virtudes, que sem ela, cedo ou tarde, desmancham-se em injustiças, em soberba, em ira, em inveja...

O amor a Deus não é um sentimento inoperante. É o ato da virtude teologal da caridade que, junto com a fé e a esperança, deve governar a realidade concreta da vida de um filho de Deus mediante o exercício das virtudes humanas. Só assim podemos nos identificar com Cristo, perfeito Deus e perfeito homem.

Coisas pequenas

As virtudes cristãs se manifestam e se desenvolvem na atividade profissional, normalmente, através das coisas pequenas. A própria laboriosidade, de algum modo condição das outras virtudes no trabalho, não consiste só em trabalhar muito, porque não podemos esquecer que «à força de descuidar detalhes, podem tornar-se compa-

TRABALHAR COM CONSCIÊNCIA   33

tíveis trabalhar sem descanso e viver como um perfeito comodista»[20].

Essa virtude pode perder seu genuíno valor se descuidamos a luta em detalhes de ordem pelos quais talvez não sintamos inclinação, ou na pontualidade ao começar e terminar o trabalho, ou se postergamos a atenção à família, ou se abandonamos as iniciativas apostólicas com a desculpa de que o trabalho absorve quase todas as energias. O cuidado das coisas pequenas por amor a Deus nos protege desse perigo porque assegura a retidão de intenção, já que muitos detalhes brilham somente diante de Deus. «A santidade não consiste em fazer coisas cada dia mais difíceis, mas sim em fazê-las cada dia com mais amor»[21].

Outra coisa distinta é o «perfeccionismo», o defeito de buscar como fim a perfeição pela perfeição no resultado exterior do trabalho. Esse defeito encerra uma deformação das virtudes humanas: revela uma perda da visão de conjunto e do senso da prudência, que dita que às vezes o ótimo é inimigo do bom – porque querer o ótimo a todo custo pode levar a descuidar outras exigências do trabalho bem feito, como acabá-lo no prazo oportuno. O perfeccionismo é um sucedâneo da perfeição, que revela amor próprio e complacência vã, e é preciso combatê-lo com o realismo da humildade cristã que sabe reconhecer as próprias limitações e confiar em Deus.

Ele criou tudo por amor, e suas obras são perfeitas: *Dei perfecta sunt opera* (Dt 32, 4 [Vg]). Nosso trabalho é

---

(20) Josemaria Escrivá, *Sulco*, n. 494.

(21) *Apontamentos da pregação* (AGP, P10, n. 25).

uma «participação na obra criadora»[22], e tem de ser também perfeito, no que depende de nossas forças, com a graça de Deus.

O cuidado das coisas pequenas caracteriza o modo divino de trabalhar de um filho de Deus, porque manifesta a perfeição do amor. E é fundamental para chegarmos a ser contemplativos no trabalho, porque assim como Deus criou e viu que era bom o que havia feito (cf. Gn 1, 10 e segs.) – contemplou o reflexo de seu Amor e Verdade nas criaturas – analogamente, com a infinita distância que comporta aqui a analogia, nosso trabalho será bom e meio de contemplação se for uma tarefa não só acabada até os mínimos detalhes, mas sim levada a cabo com retidão moral. Assim o trabalho será oração. Oração contemplativa, pois um trabalho realizado com perfeição, pondo amor nas coisas pequenas, permite descobrir «esse *algo divino* que se encerra nos detalhes»[23]. Por isso, concluía São Josemaria:

> Quando um cristão desempenha com amor a mais intranscendente das ações diárias, está desempenhando algo de onde transborda a transcendência de Deus[24].

Aprender a trabalhar bem

O panorama assombroso que se abre ante os nossos olhos tem de ser transformado em fatos: «Não basta que-

---

(22) Cf. *Catecismo da Igreja Católica*, n. 2427.

(23) Josemaria Escrivá, *Entrevistas com Mons. Josemaria Escrivá*, n. 116.

(24) *Ibidem*.

rer fazer o bem; é preciso saber fazê-lo»[25]. Servir a Deus e aos demais com nosso trabalho requer preparação, competência não apenas técnica, mas também moral, humana e cristã.

«Para servir, servir», repetia São Josemaria com a finalidade de recordar que não basta a «boa vontade» para ser um bom médico ou uma boa dona de casa, mas que também são necessários conhecimento e virtude.

Não acredito na retidão de intenção de quem não se esforça por alcançar a competência necessária para cumprir bem as tarefas que lhe são confiadas[26].

A «formação profissional» para santificar o trabalho não consiste apenas em conhecimentos teóricos prévios. É preciso muito mais, como já se disse antes: as virtudes humanas informadas pela caridade são imprescindíveis. Sobretudo por isso, a formação profissional dura a vida inteira, e melhora dia a dia através do empenho para crescer nas virtudes cristãs.

Não basta desejar possuir virtudes: é preciso aprender a praticá-las. *Discite benefacere* (Is 1, 17), *aprendei a fazer o bem.* Temos de nos exercitar habitualmente nos atos de virtude – atos de sinceridade, de equanimidade, de serenidade, de paciência –, porque obras é que são amores, e não se pode amar a Deus só de palavra, mas *com obras e de verdade* (1 Jo 3, 18)[27].

---

(25) Josemaria Escrivá, *É Cristo que passa*, n. 50.

(26) *Ibidem.*

(27) Josemaria Escrivá, *Amigos de Deus*, n. 91.

Um meio excelente para essa formação é a direção espiritual pessoal. Quem souber abrir a alma de par em par na direção espiritual poderá receber conselhos certeiros – às vezes indicações sobre deveres morais ou de consciência –, porque o Espírito Santo dá a sua luz e a sua graça através desse meio de santificação. Também é necessário estar disposto a receber a formação no próprio lugar de trabalho, sabendo aproveitar as observações de quem nos rodeia. É preciso humildade e simplicidade para admitir as próprias limitações e se deixar ajudar, evitando a autossuficiência, a presunção e a vaidade.

Entusiasmo profissional

Uma disposição interior muito conveniente para santificar o trabalho é o entusiasmo profissional. Mas é importante ter uma ideia exata, elevada, do que deve ser esse entusiasmo num cristão para não o reduzir a uma simples inclinação natural ou a um sentimento.

A rigor, o entusiasmo profissional é o anelo de servir a Deus e aos demais com nosso trabalho, o desejo de contribuir com a própria atividade profissional ao progresso humano, orientando-o com sentido cristão, e de assim impregnar a sociedade com o espírito de Cristo. Essa é a medula do entusiasmo profissional de um filho de Deus, que desperta o interesse humano pela tarefa que se realiza e o alimenta desde a raiz com uma seiva de esperança sobrenatural que mantém vivo o empenho «de converter a prosa diária em decassílabos, em verso heroico»[28].

---

(28) Josemaria Escrivá, *É Cristo que passa*, n. 50.

As atividades mais ordinárias não são já um monótono suceder-se de ações que se repetem, como não o foram a vida de Jesus, Maria e José em Nazaré. Descobrimos uma nova dimensão em nossas tarefas, e gozamos da presença de Deus que as aprova, acolhendo a oferenda do trabalho bem feito.

Para um filho de Deus, o entusiasmo profissional não é um gosto ou capricho. É a vontade forte de realizar o trabalho que Deus quiser para santificá-lo e dar fruto. Por isso há uma vocação profissional, que é parte importante da vocação divina à santidade e ao apostolado. A vocação profissional se descobre não só pelas inclinações e aptidões – que certamente contam –, mas também pelas circunstâncias nas quais cada um se encontra por Providência divina, e concretamente pelos deveres a cumprir e pelos serviços que de fato se pode prestar.

Todo esse conjunto de fatores configura a vocação profissional. Chama-se «vocação» porque efetivamente representa um chamado de Deus a que escolhamos, de acordo com as circunstâncias pessoais, a atividade profissional mais conveniente como matéria de santificação e apostolado.

Assim se vê quão longe do entusiasmo profissional se encontra a patologia, já mencionada antes, que se costuma chamar de «profissionalite». O entusiasmo profissional é o amor ao trabalho como meio de santificação e apostolado; a profissionalite, ao contrário, é a escravidão a um ídolo que foi posto como fim. E pode acontecer sem que tenha havido intenção expressa, quando não se põe o cuidado em retificar a intenção e se age, na prática, com metas somente terrenas, pondo no triunfo a própria complacência.

São Josemaria adverte sobre este perigo:

Coloca os afazeres profissionais no seu lugar: constituem exclusivamente meios para chegar ao fim; nunca se podem tomar, nem de longe, como o fundamental. Quantas «profissionalites» impedem a união com Deus![29]

Aprender a trabalhar bem exige aprender a pôr o trabalho no seu lugar: um lugar importante, de eixo da santificação da vida ordinária. Mas o eixo não é tudo.

Os bons profissionais são conhecidos pelo seu ofício. Todos conheciam São José como o artesão, e a Jesus como o filho do artesão, *fabri filius* (cf. Mt 13, 55) e artesão Ele mesmo (cf. Mc 6, 3). Não nos ficou o resultado do seu trabalho, nenhum dos utensílios que fabricaram com a qualidade e perfeição que permitiriam as ferramentas da época, trabalhando com esforço, ordem, alegria..., enquanto Santa Maria se ocupava com o mesmo espírito das tarefas do lar. Chegou-nos em troca o amor redentor de Jesus nessa tarefa, e o de Maria e José unidos a esse amor com um só coração. Eis a essência da santificação do trabalho.

---

(29) Josemaria Escrivá, *Sulco*, n. 502.

TRABALHO E CONTEMPLAÇÃO (I)

Quereria que hoje, na nossa meditação, nos persuadíssemos definitivamente da necessidade de nos dispormos a ser almas contemplativas, no meio da rua, do trabalho, mantendo com o nosso Deus um diálogo contínuo, que não deve decair ao longo do dia. Se pretendemos seguir lealmente os passos do Mestre, esse é o único caminho[1].

Para os chamados por Deus a se santificarem no meio do mundo, converter o trabalho em oração e ter alma contemplativa é o único caminho, porque «ou sabemos encontrar o Senhor em nossa vida ordinária, ou não O encontraremos nunca»[2].

Meditemos devagar essa lição capital de São Josemaria. Neste capítulo consideraremos o que é a contempla-

---

(1) Josemaria Escrivá, *Amigos de Deus*, n. 238.
(2) Josemaria Escrivá, *Entrevistas com Mons. Josemaria Escrivá*, n. 114.

ção; no seguinte veremos que a contemplação pode dar-se no trabalho e nas outras atividades da vida ordinária.

Como em Nazaré. Como os primeiros cristãos

O descobrimento de Deus no ordinário de cada dia dá plenitude de sentido às nossas tarefas. A vida oculta de Jesus em Nazaré, os «anos intensos de trabalho e de oração, em que Jesus Cristo teve uma vida normal – como a nossa, se o queremos –, divina e humana ao mesmo tempo»[3], mostram que a tarefa profissional, a atenção à família e as relações sociais não são um obstáculo para rezar continuamente (cf. Lc 18, 1), mas sim ocasião e meio para uma vida intensa de trato com Deus. «Chega um momento no qual é impossível distinguir onde acaba a oração e onde começa o trabalho, porque nosso trabalho é também oração, contemplação»[4].

Pela senda da contemplação na vida ordinária, seguindo os passos do Mestre, discorreu a vida dos primeiros cristãos: «Quando passeia, conversa, descansa, trabalha ou lê, o crente ora»[5], escrevia um autor do século II. Anos mais tarde, São Gregório Magno atesta, como um ideal feito realidade em numerosos fiéis, que:

A graça da contemplação não se dá aos grandes e se recusa aos pequenos; senão que muitos grandes a recebem, e também muitos pequenos; e tanto entre os que vivem retirados como entre as pessoas casadas. Logo, se não há estado nenhum entre os fiéis que fique excluído

---

(3) Josemaria Escrivá, *Amigos de Deus*, n. 56.
(4) São Josemaria Escrivá, *Carta*, 6.5.1945, n. 25.
(5) Clemente de Alexandria, *Stromata*, 7, 7.

TRABALHO E CONTEMPLAÇÃO (I)   41

da graça da contemplação, o que o coração guarda interiormente pode ser ilustrado com essa graça[6].

O Magistério da Igreja, sobretudo a partir do Concílio Vaticano II, recordou várias vezes esta doutrina, tão importante para os leigos. São João Paulo escreve:

> As atividades diárias se apresentam como um precioso meio de união com Cristo, podendo se converter em matéria de santificação, terreno do exercício das virtudes, diálogo de amor que se realiza em obras. O espírito de oração transforma o trabalho, e assim se torna possível estar em contemplação de Deus, ainda que permanecendo nas ocupações mais variadas[7].

A contemplação dos filhos de Deus

Lemos no Catecismo que a «contemplação de Deus em sua glória celeste é chamada pela Igreja "visão beatífica"»[8]. Dessa contemplação plena de Deus, própria do Céu, podemos ter uma certa antecipação nessa terra, uma incoação imperfeita[9], que, ainda que seja de ordem diversa à da visão, é já uma verdadeira contemplação de Deus, do mesmo modo que a graça santificante é uma certa participação na natureza divina e incoação da glória. *Agora vemos como em um espelho, obscuramente; então veremos face a face. Agora conheço de modo imperfeito; então*

---

(6) São Gregório Magno, *In Ezechielem homiliae*, 2, 5, 19.

(7) São João Paulo II, Discurso ao Congresso «*A grandeza da vida corrente*», no centenário do nascimento de São Josemaria, 12.1.2002, n. 2.

(8) *Catecismo da Igreja Católica*, n. 1028.

(9) Cf. São Tomás de Aquino, *Summa Theologiae*, I, q. 12, a. 2, c; II-II, q. 4, a.1; q. 180, a. 5, c.

conhecerei como sou conhecido, escreve São Paulo (1 Cor 12, 12; cf. 2 Cor 5, 7; 1 Jo 3, 2).

Essa contemplação de Deus como em um espelho, durante a vida presente, é possível graças às virtudes teologais: à fé e à esperança vivas, informadas pela caridade. A fé, unida à esperança e vivificada pela caridade, «faz que saboreemos, como que de antemão, a alegria e a luz da visão beatífica, termo da nossa caminhada nesta Terra»[10].

A contemplação é um conhecimento amoroso e gozoso de Deus e de seus desígnios manifestados nas criaturas, na Revelação Sobrenatural, e plenamente na Vida, Paixão, Morte e Ressurreição de Jesus Cristo, nosso Senhor. «Ciência de amor»[11], chama-a São João da Cruz. A contemplação é um claro conhecimento da verdade, alcançado não por um processo de raciocínio, mas sim por uma intensa caridade[12].

A oração mental é um diálogo com Deus.

Escreveste-me: «Orar é falar com Deus. Mas de quê?» – De quê? DEle e de ti: alegrias, tristezas, êxitos e fracassos, ambições nobres, preocupações diárias..., fraquezas!; e ações de graças e pedidos; e Amor e desagravo.

Em duas palavras: conhecê-lO e conhecer-te – ganhar intimidade![13]

Na vida espiritual, esse trato com Deus tende a simplificar-se à medida que o amor filial aumenta, cheio de

---

(10) *Catecismo da Igreja Católica*, n. 163.

(11) São João da Cruz, *Noite Escura*, II, 18, n. 5.

(12) São Tomás de Aquino, *Summa Theologiae*, II-II, q. 180, a. 1, c e a. 3, ad 1.

(13) Josemaria Escrivá, *Caminho*, n. 91.

confiança. Acontece então que, com frequência, já não são necessárias palavras para orar, nem as exteriores nem as interiores. «Sobram as palavras, porque a língua não consegue expressar-se; começa a serenar-se a inteligência. Não se raciocina, fita-se!»[14].

Isso é contemplação: um modo de rezar ativo mas sem palavras, intenso e sereno, profundo e simples. Um dom que Deus concede àqueles que O buscam com sinceridade, põem toda a alma no cumprimento da vontade dEle, com obras, e procuram sempre agir na sua presença.

Primeiro uma jaculatória, e depois outra, e mais outra..., até que parece insuficiente esse fervor, porque as palavras se tornam pobres..., e se dá passagem à intimidade divina, num olhar para Deus sem descanso e sem cansaço[15].

Isso pode acontecer, segundo ensina São Josemaria, não só nos tempos dedicados expressamente à oração, mas também: «enquanto realizamos com a maior perfeição possível, dentro dos nossos equívocos e limitações, as tarefas próprias da nossa condição e do nosso ofício»[16].

Sob a ação do Espírito Santo

O Pai, o Filho e o Espírito Santo inabitam na alma em graça: somos templos de Deus (cf. Jo 14, 23; 1 Cor 3, 16; 2 Cor 6, 16). Faltam palavras para expressar a riqueza do

---

(14) Josemaria Escrivá, *Amigos de Deus*, n. 307.

(15) *Idem*, n. 296.

(16) *Ibidem*.

mistério da Vida da Santíssima Trindade em nós: o Pai que eternamente gera o Filho, e que com o Filho expira o Espírito Santo, vínculo do Amor subsistente. Pela graça de Deus, tomamos parte nessa vida como filhos. O Paráclito nos une ao Filho, que assumiu a natureza humana para nos fazer partícipes da natureza divina: *ao chegar à plenitude dos tempos, enviou Deus seu Filho, nascido de mulher [...] para que recebêssemos a adoção de filhos. E, já que sois filhos, Deus enviou aos nossos corações o Espírito de seu Filho, que clama:* «Abba, Pai!» (Gl 4, 4-6).

E nessa união com o Filho não estamos sós, mas formamos um corpo, o Corpo Místico de Cristo, ao que todos os homens estão chamados a incorporar-se como membros vivos e a ser instrumento para atrair outros, participando do sacerdócio de Cristo (cf. 1 Cor 12, 12--13, 27; Ef 2, 19-22; 4, 4).

A vida contemplativa é a vida própria dos filhos de Deus, vida de intimidade com as Pessoas Divinas e transbordante de afã apostólico. O Paráclito infunde em nós a caridade, que nos permite alcançar um conhecimento de Deus que sem o amor seria impossível, pois o que não ama não conhece a Deus, porque Deus é amor (Cf. 1 Jo 4, 9). Quem mais O ama melhor O conhece, já que esse amor – a caridade sobrenatural – é uma participação na infinita caridade, que é o Espírito Santo[17], *que tudo perscruta, até as profundezas de Deus. Pois quem sabe o que há no homem, senão o espírito do homem que está nele? Assim também as coisas de Deus ninguém as conheceu senão o Espírito de Deus* (1 Cor 2, 10-11).

---

(17) Cf. São Tomás de Aquino, *Summa Theologiae*, II-II, q. 24, a. 7, c. *In Epist. ad Rom.*, c. 5, lect. 1.

TRABALHO E CONTEMPLAÇÃO (I)

Esse Amor, com maiúscula, instaura na alma uma estreita familiaridade com as Pessoas Divinas, e um entendimento mais agudo, mais rápido, certeiro e espontâneo, em profunda sintonia com o Coração de Cristo (cf. Mt 11, 27). Aqueles que se amam se entendem com mais facilidade. Por isso São Josemaria recorre ao exemplo do amor humano para falar da contemplação de Deus. Recordava que na sua terra se diz «Como contempla!», quando se quer expressar o olhar amoroso e atento de uma mãe com o filho nos braços, e dizia que assim temos que contemplar o Senhor.

Mas qualquer exemplo, por bonito que seja, não é mais que uma sombra da contemplação que Deus concede às almas fiéis. Se já a caridade sobrenatural supera em altura, em qualidade e força qualquer amor puramente humano, que dizer dos Dons do Espírito Santo, que nos permitem deixar-nos levar docilmente por Ele? Com o crescimento destes Dons – Sabedoria, Entendimento, Conselho, Fortaleza, Ciência, Piedade e Temor de Deus – cresce a conaturalidade ou a familiaridade com Deus e se desenvolve todo o colorido da vida contemplativa.

Especialmente pelo Dom da Sabedoria – o primeiro dos Dons do Espírito Santo[18] – é-nos concedido não apenas conhecer e assentir às verdades reveladas sobre Deus e as criaturas, como é próprio da fé, mas também saborear essas verdades, conhecê-las com «certo sabor de Deus»[19]. A Sabedoria – *sapientia* – é uma saborosa ciência: uma ciência que se degusta. Graças a esse dom, não somente cremos no Amor de Deus, mas também o apreciamos de

---

(18) Cf. São João Paulo II, *Alocução*, 9.4.1989.

(19) São Tomás de Aquino, *Summa Theologiae* II-II, q. 45, a. 2, ad 1.

um modo novo (cf. Rm 8, 5). É um saber a que só se chega pelo crescimento em santidade, e há almas que o recebem por sua profunda humildade: *Eu te glorifico, Pai, Senhor do Céu e da terra, porque encobriste essas coisas aos sábios e prudentes e as revelaste aos pequeninos* (Mt 11, 25). Com o dom da sabedoria, a vida contemplativa adentra as profundezas de Deus (cf. 1 Cor 1, 10). Nesse sentido, São Josemaria nos convida a meditar:

> Um texto de São Paulo em que nos é proposto todo um programa de vida contemplativa – conhecimento e amor, oração e vida – [...]: *que Cristo habite pela fé em vossos corações; e que, arraigados e alicerçados na caridade, possais compreender com todos os santos qual a amplitude e a grandeza, a altura e a profundidade do mistério; e conhecer também aquele amor de Cristo que excede todo o conhecimento, para que estejais repletos de toda a plenitude de Deus* (Ef 3, 17-19)[20].

Para ser contemplativos no meio do mundo é necessário implorar ao Espírito Santo o Dom da Sabedoria, junto com os outros dons que constituem seu séquito inseparável. São presentes do Amor Divino, joias que o Paráclito entrega àqueles que querem amar a Deus com todo o coração, com toda a alma, com todas as forças.

Pela senda da contemplação

Quanto maior é a caridade, tanto mais intensa é a familiaridade com Deus de que a contemplação surge. Mesmo a caridade mais débil – como a de quem se

---

(20) Josemaria Escrivá, *É Cristo que passa*, n. 163.

limita a não pecar gravemente, mas não busca cumprir em tudo a vontade divina – estabelece uma certa conformidade com o querer de Deus. No entanto, um amor que não tem o fervor da piedade se parece mais com a cortesia formal de um estranho do que com o afeto de um filho. Quem se conformasse com isso na relação com Deus não passaria de um conhecimento insípido e passageiro das verdades reveladas, porque *quem se contenta com ouvir a palavra, sem pô-la em prática, é semelhante a um homem que contempla a figura de rosto em seu espelho; olha-se e depois se vai e imediatamente se esquece de como era* (Tg 1, 23-24).

Muito distinto é o caso de quem deseja sinceramente identificar em tudo a sua vontade com a de Deus e põe os meios para tanto, com a ajuda da graça: cultiva a oração mental e vocal, a participação nos sacramentos – a Confissão frequente e a Eucaristia –, esmera-se no trabalho e no cumprimento fiel dos próprios deveres, busca a presença de Deus ao longo do dia, cuida da sua formação cristã e procura em tudo servir aos outros por amor a Deus. Quem age assim está no caminho de receber o dom da contemplação na vida cotidiana.

O ambiente atual da sociedade conduz muitos a viver virados para fora, com uma ânsia permanente de possuir isto ou aquilo, de ir de aqui para acolá, de ver e olhar, de se mover, de distrair-se com futilidades, talvez com o intento de esquecer seu vazio interior e a perda do sentido transcendente da vida humana. Mas quem descobre o chamado divino à santidade e ao apostolado e se propõe a segui-lo tem de caminhar por outra senda. Quanto mais atividade interior tiver, maior há de ser sua vida para dentro, com mais recolhimento interior, buscando o diálogo com Deus presente na alma em graça, mortificando os puxões da concupiscência da carne, da concupiscência dos olhos e da soberba da vida. Para contemplar a Deus é necessário limpar o coração. *Bem-aventurados os limpos de coração, porque eles verão a Deus* (Mt 5, 8).

O Espírito Santo cumulou a Virgem Maria com seus dons para que Ela sobreabundasse em vida contemplativa. Ela é modelo e mestra de contemplação na existência cotidiana. É à sua mediação materna que têm de acudir quem aspirar a receber este dom, verdadeira antecipação do Céu.

TRABALHO E CONTEMPLAÇÃO (II)

Quando iam a caminho entrou Jesus em certa aldeia, e uma mulher que se chamava Marta o recebeu em sua casa. Tinha essa uma irmã chamada Maria que, sentada aos pés do Senhor, escutava a sua palavra. Mas Marta andava afanada com numerosas tarefas e pondo-se adiante disse: «Senhor, não te importa que minha irmã me deixa sozinha nas tarefas de servir? Dize-lhe então que me ajude». Mas o Senhor respondeu: «Marta, Marta, tu te preocupas e te inquietas por muitas coisas. Mas uma só coisa é necessária: Maria escolheu a melhor parte, que não lhe será tirada». (Lc 10, 38-42)

Muitas vezes ao longo da história as figuras de Maria e Marta serviram para representar as vidas contemplativa e ativa, como dois gêneros de vida dos quais o primeiro seria mais perfeito, de acordo com as palavras do Senhor: *Maria escolheu a melhor parte.*

Os termos «vida contemplativa» e «vida ativa» costumam ser referidos à vocação religiosa, entendendo-se por vida contemplativa, em grandes traços, a daqueles religiosos que se afastam materialmente do mundo para se dedicar à oração, e por vida ativa a daqueles que realizam tarefas como ensinar a doutrina cristã, atender aos doentes e outras obras de misericórdia.

Dentro desse contexto, há muitos séculos essa cena evangélica tem servido de base para a afirmação de que a contemplação ativa é possível. O sentido clássico da expressão «contemplação ativa», porém, não se refere à possibilidade da contemplação nas atividades profissionais, familiares e sociais, próprias da vida dos fiéis correntes, mas sim às ações apostólicas e de misericórdia dentro do caminho da vocação religiosa.

São Josemaria nos ensinou a aprofundar nas palavras do Senhor a Marta, fazendo ver que não há nenhuma oposição entre a contemplação e a realização, com a maior perfeição possível, do trabalho profissional e dos deveres ordinários do cristão.

Já consideramos no capítulo anterior o que é a contemplação cristã: essa oração simples de tantas almas que, por amarem muito a Deus e serem dóceis ao Espírito Santo, buscando em tudo a identificação com Cristo, são levadas pelo Paráclito a penetrar nas profundidades da vida íntima da Santíssima Trindade, de suas obras e desígnios, com uma sabedoria que dilata cada vez mais seu coração e torna mais agudo o seu conhecimento. Uma oração em que «sobram as palavras, porque a língua não consegue expressar-se; começa a serenar-se a inteligência. Não se raciocina, fita-se! E a alma rompe outra vez a cantar um cântico novo, porque se sente e se sabe também fitada amorosamente por Deus, em todos os momentos»[1].

Agora convém que nos detenhamos a considerar três modos nos quais se pode dar a contemplação. Em primeiro lugar, nos períodos dedicados exclusivamente à oração; em segundo, enquanto se trabalha ou se realiza qualquer atividade que não requer toda a atenção da mente; e, finalmente, através do próprio trabalho, mesmo quando ele exige uma concentração exclusiva. Esses três caminhos constituem a vida contemplativa, fazendo da vida ordinária um estar no céu e na terra ao mesmo tempo, como dizia São Josemaria.

Na oração e em todas as práticas de piedade

Antes de tudo, a contemplação precisa ser pedida a Deus e buscada nas práticas de piedade cristã, que deve balizar o nosso dia, muito especialmente nos períodos dedicados de modo exclusivo à oração mental.

São Josemaria ensinou a buscar a contemplação nesses momentos: a contemplar a vida do Senhor, a olhá-lO na Eucaristia, a se relacionar com as Três Pessoas divinas pelo caminho da Humanidade Santíssima de Jesus Cristo, a ir a Jesus por Maria... É necessário não se conformar com repetir orações vocais na oração mental, ainda que talvez seja imperioso repeti-las durante muito tempo. Nesses casos, importa considerá-las sempre a porta que se abre para a contemplação.

Também nas relações humanas, quando por exemplo nos encontramos com um amigo, costumamos dirigir

---

(1) Josemaria Escrivá, *Amigos de Deus*, n. 307.

algumas saudações para iniciar a conversa. Mas o trato não pode se limitar a isso. A conversa tem que continuar com palavras mais pessoais até que, inclusive, cheguem a sobrar porque há uma sintonia profunda e uma grande familiaridade. Muito mais no trato com Deus.

Começamos com orações vocais. Primeiro uma jaculatória, e depois outra, e outra..., até que parece insuficiente esse fervor, porque as palavras se tornam pobres..., e se dá passagem à intimidade divina, num olhar para Deus sem descanso e sem cansaço[2].

«Et in meditatione mea exardescit ignis» – E na minha meditação se ateia o fogo. – Para isso vais à oração: para tornar-te uma fogueira, lume vivo, que dê calor e luz[3].

Os períodos de oração bem feitos são uma caldeira que estende seu calor aos diversos momentos do dia.

Do recolhimento nos períodos de oração; da relação com o Senhor buscada com afinco nesses momentos, às vezes por meio da meditação de algum texto que ajude a centrar a cabeça e o coração em Deus; do empenho em afastar as distrações; da humildade para começar e recomeçar, sem apoiar-se nas próprias forças, mas sim na graça de Deus: em uma palavra, é da fidelidade diária aos períodos de oração que depende a realização, para além desses momentos, do ideal de sermos contemplativos no meio do mundo.

---

(2) Josemaria Escrivá, *Amigos de Deus*, n. 296.

(3) Josemaria Escrivá, *Caminho*, n. 92.

Enquanto se trabalha ou se realiza outra atividade

A contemplação não se limita aos períodos dedicados à oração. Pode acontecer ao longo da jornada, em meio às ocupações cotidianas, enquanto se realizam tarefas que não requerem toda a atenção da mente, mas que devem ser feitas, ou nos momentos de pausa de qualquer trabalho.

Pode-se contemplar a Deus enquanto se vai pela rua, enquanto se cumprem deveres familiares e sociais comuns na vida de qualquer pessoa, ou se realizam trabalhos que já se dominam com soltura, ou por ocasião de um intervalo na própria tarefa, ou simplesmente durante uma espera.

Do mesmo modo que períodos de oração, as jaculatórias podem abrir caminho para a contemplação. Também no meio dessas outras ocupações a busca da presença de Deus desemboca na vida contemplativa, mais intensa até, como o Senhor fez com que experimentasse São Josemaria. «É incompreensível» – anota em seus apontamentos íntimos – «sei de alguém que está frio (apesar da sua fé, que não admite limites) junto ao fogo diviníssimo do Sacrário, e depois, em plena rua, por entre o ruído dos automóveis, bondes e pessoas, lendo um jornal!, vibra com arrebatamentos de loucura de Amor de Deus»[4].

Essa realidade é inteiramente um dom de Deus, mas só o pode receber quem o deseja em seu coração e não o rechaça com as obras. Rechaça-o aquele que tem os sen-

---

(4) *Apontamentos íntimos*, n. 673 (de 26.3.1932). Citado em A. Vázquez de Prada, *O Fundador do Opus Dei*, volume I, Quadrante, São Paulo, 2004, pág. 384.

tidos dispersos, ou se deixa dominar pela curiosidade, ou se submerge num tumulto de pensamentos e imaginações inúteis que o distraem e o dissipam. Numa palavra, quem não sabe estar no que faz[5]. A vida contemplativa requer mortificação interior, negar-se a si mesmo por amor a Deus, para que Ele reine no coração e seja o centro ao qual se dirigem, em último termo, todos os pensamentos e afetos da alma.

Contemplação «nas e através das» atividades ordinárias

Como dissemos, nos períodos de oração não há necessidade de se conformar com a repetição de jaculatórias ou apenas com a leitura e a meditação intelectual; antes, é preciso buscar o diálogo com Deus até chegar, com a sua graça, à contemplação. O mesmo vale para o trabalho – se queremos convertê-lo em oração –: é preciso não se contentar com oferecê-lo no começo e dar graças ao final, ou procurar renovar esse oferecimento várias vezes, unidos ao sacrifício do altar. Tudo isso é já muito agradável a Deus, mas um filho de Deus tem de ser audaz e aspirar a mais: a realizar seu trabalho como Jesus em Nazaré, unido a Ele. Um trabalho em que, graças ao amor sobrenatural com que se leva a cabo, contempla-se a Deus, que é Amor (cf. 1 Jo 4, 8).

Como a contemplação é um adiantamento da visão beatífica, fim último da nossa vida, é lógico que qualquer atividade que Deus queira que realizemos – como

---

(5) Cf. Josemaria Escrivá, *Caminho*, n. 815.

o trabalho e as tarefas familiares e sociais, que são vontade sua para cada um – possa ser um canal por onde a vida contemplativa pode fluir. Porque quaisquer dessas atividades podem ser realizadas por amor a Deus e com amor a Deus; por esse mesmo motivo também se podem converter em meio de contemplação, que não é outra coisa senão um modo especialmente familiar de conhecê-lO e amá-lO.

Lição constante e característica de São Josemaria é que a contemplação é possível não só enquanto se realiza uma atividade, mas também por meio das atividades queridas por Ele, nessas mesmas tarefas e através delas, até quando se trata de trabalhos que exigem toda a concentração da mente. São Josemaria ensina que chega um momento no qual não se é capaz de distinguir a contemplação da ação, terminando esses conceitos por significar o mesmo na mente e na consciência.

Nesse sentido, é esclarecedora uma explicação de São Tomás:

> Quando, num conjunto de duas coisas, uma é razão para a outra, a ocupação da alma numa não impede nem diminui a ocupação na outra [...] E como Deus é apreendido pelos santos como a razão de tudo quanto fazem ou conhecem, a sua ocupação em perceber as coisas sensíveis, ou em contemplar ou fazer qualquer outra coisa, em nada lhes impede a divina contemplação, nem vice-versa[6].

Daí que um cristão que queira receber o dom da contemplação deva antes de tudo pôr a Deus como fim

---

(6) São Tomás de Aquino, *Summa Theologiae*, Suppl., q. 82, a. 3, ad 4.

de seus trabalhos, realizando-os *non quasi hominibus placentes, sed Deo, qui probat corda nostra:* não para agradar aos homens, mas a Deus, que sonda nossos corações (1 Ts 2, 4).

Podemos contemplar a Deus nas atividades que realizamos por amor dEle, porque esse amor é uma participação no amor infinito que é o Espírito Santo, *que investiga as profundidades de Deus* (1 Cor 2, 10). Aquele que trabalha por amor a Deus pode se dar conta – sem pensar noutra coisa, sem distrair-se – de que O ama quando trabalha, com o amor infundido pelo Espírito Santo nos corações dos filhos de Deus em Cristo (cf. Rm 5, 5). «Reconhecemos Deus não apenas no espetáculo da natureza, mas também na experiência do nosso próprio trabalho»[7]. Assim se compreende que a contemplação seja possível em trabalhos que exigem pôr toda a energia da mente, como são – por exemplo – o estudo ou a docência.

Também podemos contemplar a Deus através do trabalho porque, assim como O vemos quando contemplamos suas obras, nas quais se manifesta a sua glória, também podemos contemplá-lO através das nossas, na medida em que participam do seu poder criador e de certo modo o prolongam.

Se um trabalho é feito por amor, será algo realizado com a maior perfeição de que somos capazes nessas circunstâncias e refletirá então as perfeições divinas, como o trabalho de Cristo. Muitas vezes as refletirá também externamente, porque o trabalho saiu bem e poderemos contemplar uma obra bem-feita que manifesta as per-

---

(7) Josemaria Escrivá, *É Cristo que passa*, n. 48.

feições de Deus. Mas também é possível que o trabalho saia mal – por circunstâncias alheias à nossa vontade – e que, no entanto, tenha sido bem feito aos olhos de Deus: porque se praticaram as virtudes cristãs, informadas pelo amor, e crescemos em identificação com Cristo ao realizá-lo. Assim, também podemos contemplar a Deus nos efeitos de nosso trabalho. Noutras palavras, pode acontecer que humanamente tenhamos fracassado num trabalho, mas que este tenha sido bem feito aos olhos de Deus, com retidão de intenção, com espírito de serviço, com a prática das virtudes: em uma palavra, com perfeição humana e cristã. Um trabalho assim é meio de contemplação.

O cristão que trabalha ou cumpre seus deveres por amor a Deus trabalha em união vital com Cristo. Suas obras se convertem em obras de Deus, em *operatio Dei*, e por isso mesmo são meio de contemplação. Mas não basta estar em graça de Deus e que as obras sejam moralmente boas. Elas deverão estar informadas por uma caridade heroica e ser realizadas com virtudes heroicas, e com aquele modo divino de agir que é conferido pelos dons do Espírito Santo àqueles dóceis à sua ação.

A contemplação na vida ordinária permite pregustar a união definitiva com Deus no Céu. Ao mesmo tempo, leva ao desempenho mais amoroso da tarefa, acende o desejo de vê-lO, não já por meio das atividades que realizamos, mas sim cara a cara.

Vivemos então como cativos, como prisioneiros. Enquanto realizamos com a maior perfeição possível, dentro de nossos erros e limitações, as tarefas próprias da nossa condição e do nosso ofício, a alma anseia por escapar-se. Vamos rumo a Deus, como o ferro atraído pela força do ímã. Começa-se a amar Jesus de forma mais eficaz, com um doce sobressalto[8].

Um novo modo de andar na terra, um modo divino, sobrenatural, maravilhoso. Recordando tantos escritores castelhanos quinhentistas, talvez nos agrade saborear isto por nossa conta: vivo porque não vivo; é Cristo que vive em mim! (cf. Gl 2, 20)[9]

---

(8) Josemaria Escrivá, *Amigos de Deus*, n. 296.

(9) *Idem*, n. 297.

TRABALHO DE DEUS

São Josemaria costumava falar da «velha novidade» da mensagem que recebeu de Deus: «velha como o Evangelho e como o Evangelho nova»[1]. Velho, porque era o que haviam vivido os primeiros cristãos, que se sabiam chamados à santidade e ao apostolado sem o afastamento do mundo, em suas ocupações e tarefas diárias. Por isso São Josemaria afirmava que «a maneira mais fácil de entender o Opus Dei é pensar na vida dos primeiros cristãos. Eles viviam a fundo a sua vocação cristã; buscavam seriamente a perfeição a que estavam chamados pelo fato, simples e sublime, do Batismo»[2].

Enchia-lhe de alegria encontrar nos escritos dos Padres da Igreja os traços fundamentais da sua mensagem. Bem claras a esse respeito são as palavras que São João Crisóstomo dirige aos fiéis no século IV e que São Josemaria recolhe em uma de suas cartas:

---

(1) Cf. Josemaria Escrivá, *Entrevistas com Mons. Josemaria Escrivá*, n. 24.

(2) *Ibidem.*

Não vos digo: abandonai a cidade e apartai-vos dos negócios civis. Não. Permanecei onde estais, mas praticai a virtude. Eu preferiria, de verdade, que brilhassem por sua virtude mais aqueles que vivem no meio das cidades do que os que foram viver nos montes. Porque disso adviria um bem imenso, já que ninguém acende uma luz e a põe debaixo do alqueire... E não me venhas com: «Tenho filhos, tenho mulher, tenho que atender a casa e não posso cumprir o que me dizes». Se nada disso tivesses e fosses tíbio, tudo estaria perdido; mesmo quando tudo isso te rodeia, se és fervoroso, praticarás a virtude. Só uma coisa é necessária: uma generosa disposição. Se existe isso, nem a pobreza, nem os negócios, nem outra coisa qualquer pode ser um obstáculo contra a virtude. E, verdadeiramente, velhos e jovens, casados e pais de família, artesãos e soldados cumpriram já quanto foi mandado pelo Senhor. Jovem era Davi; José, escravo; Áquila exercia uma profissão manual; a vendedora de púrpura estava à frente de uma oficina; outro era sentinela de uma prisão; outro, centurião como Cornélio; outro estava doente como Timóteo; outro era um escravo fugitivo como Onésimo e, no entanto, nada disso foi obstáculo para nenhum deles, e todos brilharam por sua virtude: homens e mulheres, jovens e velhos, escravos, livres, soldados e camponeses[3].

As circunstâncias da vida ordinária não são obstáculo, mas sim matéria e caminho de santificação. Com as debilidades e defeitos próprios de cada um, os discípulos de

---

(3) São João Crisóstomo, *In Matth. hom., XLIII*, 5.

Cristo têm de ser hoje como aqueles primeiros: «cidadãos cristãos que querem corresponder cabalmente às exigências da sua fé»[4]. O ensinamento de São Josemaria se dirige aos homens e mulheres que não precisam sair do próprio lugar para encontrar e amar a Deus, precisamente porque – como recordou João Paulo II glosando a lição de São Josemaria – «o Senhor quer entrar em comunhão de amor com cada um de seus filhos, na trama das ocupações de cada dia, no contexto ordinário no qual se desenvolve a existência»[5].

O fundador do Opus Dei estava convencido de que o Senhor, ao confiar-lhe a mensagem que havia de difundir, «quis que nunca mais se desconhecesse ou se esquecesse a verdade de que todos os homens devem santificar-se, e de que cabe à maioria dos cristãos santificarem-se no mundo, no trabalho ordinário [...]: que haja pessoas de todas as profissões e ofícios que procurem a santidade no seu estado, nessa sua profissão ou ofício, sendo almas contemplativas no meio da rua»[6].

Santidade e crescimento em santidade, no trabalho

Com seu trabalho, «o homem não só transforma as coisas e a sociedade, mas também se aperfeiçoa a si mesmo»[7]. Se isto é verdade já no plano humano, não o é

---

(4) Josemaria Escrivá, *Entrevistas com Mons. Josemaria Escrivá*, n. 24.

(5) São João Paulo II, Alocução na Audiência aos participantes do Congresso «*A grandeza da vida corrente*», 12.1.2002, n. 2.

(6) São Josemaria Escrivá, *Carta*, 9.1.1932, ns. 91-92. Citado em A. Vázquez de Prada, *O Fundador do Opus Dei*, volume I, págs. 279-280.

(7) Conc. Vaticano II, Constituição pastoral *Gaudium et spes*, n. 35.

menos no sobrenatural. O aperfeiçoamento da pessoa por meio do trabalho não é outra coisa que o crescimento em santidade de quem o realiza. Mas isso somente acontece quando quem trabalha é já «santo», ou seja, quando está em graça de Deus: do contrário, não poderia crescer em santidade através do seu trabalho. Ou seja, somente quem já é «santo» pode santificar o seu trabalho e crescer então em santidade se santifica o trabalho.

Com a graça de Deus, dais a vosso trabalho profissional no meio do mundo seu sentido mais profundo e mais pleno, ao orientá-lo para a salvação das almas, ao pô-lo em relação com a missão redentora de Cristo [...]. Mas é necessário que Jesus e, com Ele, o Pai e o Espírito Santo, habitem realmente em nós. Por isso, santificaremos o trabalho se formos santos, se nos esforçarmos verdadeiramente por ser santos. [...] Se não tivesses vida interior, ao dedicar-vos ao trabalho, ao invés de divinizá-lo, poder-vos-ia acontecer o mesmo que ao ferro quando está vermelho e se mete na água fria: destempera-se e se apaga. Haveis de ter fogo que venha de dentro, que não se apague, que incendeie tudo o que toque[8].

O processo de santificação de um cristão não é outra coisa que seu crescimento como filho de Deus, desde o Batismo até a plenitude da filiação divina na glória. Por isso, a ideia de que «santificaremos o trabalho se formos santos», contida nas palavras anteriores, pode-se expressar também em termos de filiação divina. O cristão está chamado a crescer em identificação com Jesus Cristo por

---

(8) São Josemaria Escrivá, *Carta*, 15.10.1948, n. 20.

meio do trabalho, e isso só é possível se já é filho adotivo de Deus pela graça.

Assim como Jesus crescia em sabedoria, em idade e em graça durante os anos de Nazaré, analogamente o cristão, vivendo vida sobrenatural, deve crescer como filho de Deus, identificando-se progressivamente com Cristo por meio de seus deveres ordinários e, concretamente, do trabalho profissional. «Santificar-se no trabalho» significa procurar crescer como filhos de Deus no trabalho: avançar na identificação com Cristo pela ação do Espírito Santo, mediante o trabalho.

No entanto, também é preciso dizer que não basta ser filho de Deus para trabalhar como filho de Deus e crescer em identificação com Cristo. Muitos são filhos de Deus pela graça, mas realizam seu trabalho à margem dessa magnífica realidade. Por isso São Josemaria aconselha a cultivar o sentido da filiação divina no trabalho: ser conscientes, enquanto se trabalha, de que *Cristo vive em mim* (Gl 2, 20).

O trabalho profissional de um cristão pode ser trabalho de Deus, *operatio Dei,* porque somos filhos adotivos de Deus e formamos uma só coisa com Cristo. O Filho Unigênito se fez Homem para nos unir a si – como os membros de um corpo estão unidos à cabeça – e operar através de nós. Verdadeiramente, somos de Cristo como Cristo é de Deus. Ele vive e age no cristão através da graça. «Eleva-se assim o trabalho à ordem da graça, santifica-se, converte-se em obra de Deus, *operatio Dei, opus Dei*»[9].

Saber-se filho de Deus no trabalho conduz a realizá-lo como um encargo divino:

---

(9) Josemaria Escrivá, *Entrevistas com Mons. Josemaria Escrivá*, n. 10.

Tu e eu temos de recordar-nos e de recordar aos outros que somos filhos de Deus, a quem o Pai, como àqueles personagens da parábola evangélica, dirigiu idêntico convite: *Filho, vai trabalhar na minha vinha* (Mt 21, 28)[10].

A consciência da filiação divina leva-nos a fixar a mirada no Filho de Deus feito homem, especialmente durante aqueles «anos intensos de trabalho e de oração, em que Jesus Cristo teve uma vida normal [...]. Naquela simples e ignorada oficina de artesão, como mais tarde diante das multidões, cumpriu tudo com perfeição»[11]. O convencimento de viver a vida de Cristo proporciona a quem se sabe filho de Deus a certeza de que é possível converter o trabalho em oração.

Plenamente mergulhado no seu trabalho diário entre os demais homens, seus iguais, atarefado, ocupado, em tensão, o cristão tem de estar ao mesmo tempo totalmente mergulhado em Deus, porque é filho de Deus[12].

A dignidade de todo o trabalho

Por esta razão São Josemaria pregou incansavelmente que qualquer trabalho honesto pode ser santificado – ser feito santo –, converter-se em obra de Deus. E o trabalho assim santificado nos identifica com Cristo – perfeito Deus e perfeito Homem –, santifica-nos

---

(10) Josemaria Escrivá, *Amigos de Deus*, n. 57.

(11) *Idem*, n. 56.

(12) Josemaria Escrivá, *É Cristo que passa*, n. 65.

e nos aperfeiçoa, fazendo-nos imagem dEle. Em qualquer trabalho honesto o homem pode desenvolver a sua vocação para o amor. Por isso São Josemaria repete que «não faz nenhum sentido dividir os homens em diferentes categorias, conforme os tipos de trabalho, considerando umas ocupações mais nobres do que as outras»[13], porque «a categoria do ofício depende de quem o exercita»[14]. Para São Josemaria, «todo o trabalho» – incluindo certamente o trabalho manual – «é testemunho da dignidade do homem [...], é meio de desenvolvimento da personalidade [...], meio de contribuir para o progresso da sociedade em que se vive e para o progresso de toda a humanidade»[15]. «É hora de que todos nós, cristãos, anunciemos bem alto que o trabalho é um dom de Deus»[16], não um castigo ou uma maldição, mas sim uma realidade querida e bendita pelo Criador antes do pecado original (Gn 2, 15), uma realidade que o filho de Deus encarnado assumiu em Nazaré, onde levou uma vida de longos anos de trabalho cotidiano em companhia de Santa Maria e de São José, sem brilho humano, mas com esplendor divino. «Nas mãos de Jesus, o trabalho, e um trabalho profissional semelhante àquele que desenvolvem milhões de homens no mundo, converte-se em tarefa divina, em trabalho redentor, em caminho de salvação»[17].

O próprio esforço que exige o trabalho foi elevado por Cristo a instrumento de libertação do pecado, de reden-

---

(13) *Idem*, n. 47.

(14) *Apontamentos da pregação* (AGP, P10, n. 62).

(15) Josemaria Escrivá, *É Cristo que passa*, n. 47.

(16) *Ibidem*.

(17) Josemaria Escrivá, *Entrevistas com Mons. Josemaria Escrivá*, n. 55.

ção e de santificação[18]. Não existe trabalho humano limpo que não possa «transformar-se em âmbito e matéria de santificação, em terreno de exercício das virtudes e em diálogo de amor»[19].

Deus havia formado o homem do barro da terra e o havia feito partícipe do seu poder criador para que aperfeiçoasse o mundo com seu engenho (Gn 2, 7.15). No entanto, depois do pecado, ao invés de elevar as realidades terrenas à glória de Deus com seu trabalho, frequentemente o homem se cega e se degrada. Uns não querem trabalhar; outros o fazem somente para conseguir os meios econômicos de que precisam, ou com outros horizontes meramente humanos; outros veem no trabalho um instrumento para a própria afirmação sobre os demais... Mas Jesus, que converteu o barro em colírio para devolver a vista a um cego (cf. Jo 7, 7), emprega o trabalho para curar a nossa cegueira, devolvendo-lhe a sua dignidade de meio para a santidade e o apostolado. Quando descobrimos que é possível santificar o trabalho, tudo se ilumina com um sentido novo, e começamos a ver e amar a Deus – a ser contemplativos – nas situações que antes pareciam monótonas e vulgares, e que então adquirem um alcance eterno e sobrenatural.

Um esplêndido panorama se apresenta diante de nós: «santificar o trabalho, santificar-se no trabalho, santificar com o trabalho»[20]. Somos protagonistas do desígnio divino de pôr a Cristo no cume de todas as atividades

---

(18) Cf. Ernst Burkhart e Javier López, *Vida cotidiana y santidad en la enseñanza de san Josemaría*, vol. III, pág. 43 e segs.

(19) São João Paulo II, Alocução na Audiência aos participantes do Congresso *«A grandeza da vida corrente»*, 12.1.2002, n. 2.

(20) Josemaria Escrivá, *É Cristo que passa*, n. 45.

humanas. Desígnio que Deus quis que São Josemaria compreendesse com a visão clarividente que o levava a escrever, cheio de fé na graça e de confiança naqueles que receberiam a sua mensagem:

Contemplo já, ao longo dos tempos, até o último de meus filhos – porque somos filhos de Deus, repito – agir profissionalmente, com sabedoria de artista, com felicidade de poeta, com segurança de maestro e com um pudor mais persuasivo que a eloquência, buscando – ao ir atrás da perfeição cristã na sua profissão e em seu estado no mundo – o bem de toda a humanidade[21].

Como é preciosa a vossa bondade, ó Deus! À sombra de vossas asas se refugiam os filhos dos homens [...]. *Em vós está a fonte da vida, e é na vossa luz que vemos a luz* (Sal 35, 8.10). A Santíssima Trindade concedeu a São Josemaria a sua luz para que contemplasse profundamente o mistério de Jesus Cristo, *luz dos homens* (Jo 1, 4): outorgou-lhe:

Uma vivíssima contemplação do mistério do Verbo Encarnado, graças ao qual compreendeu com profundidade que a estrutura das realidades humanas se compenetra intimamente, no coração do homem renascido em Cristo, com a economia da vida sobrenatural, convertendo-se assim em lugar e meio de santificação[22].

---

(21) São Josemaria Escrivá, *Carta*, 9.1.1932, n. 4.

(22) Congregação para as Causas dos Santos, Decreto sobre o exercício heroico das virtudes do Servo de Deus Josemaria Escrivá de Balaguer, Fundador do Opus Dei, 9.4.1990, §3.

O magistério de São Josemaria já iluminou a vida de uma multidão de homens e mulheres das mais diversas condições e culturas, que empreenderam a aventura de ser santos na naturalidade da vida ordinária. Uma aventura de amor abnegado e forte, que cumula de felicidade a alma e semeia no mundo a paz de Cristo (cf. Ef 1, 10).

São João Paulo II fez o convite a seguir fielmente o exemplo de São Josemaria: «Seguindo as pegadas de vosso Fundador, prossegui com zelo e fidelidade vossa missão. Mostrai com vosso esforço diário que o amor de Cristo pode animar todo o arco da existência»[23].

Contamos sobretudo com a intercessão de Nossa Mãe. A ela pedimos que nos prepare diariamente o caminho da santidade na vida ordinária e no-lo conserve sempre.

---

(23) São João Paulo II, Alocução na Audiência aos participantes do Congresso *«A grandeza da vida corrente»*, 12.1.2002, n. 4.

SANTIFICAR O DESCANSO

Terminou Deus no dia sétimo a obra que havia feito, e descansou no dia sétimo de toda a obra que havia feito. E abençoou Deus o dia sétimo e o santificou porque nesse dia descansou Deus de toda a obra que havia realizado na criação (Gn 2, 1-3).

Essas palavras do Gênesis se encontram resumidas numa frase do livro do Êxodo: *Em seis dias fez o Senhor o céu e a terra, o mar e tudo quanto contém, e no sétimo descansou* (Ex 20, 11). A doutrina da Igreja aplicou esses textos ao dever de descansar: «O homem tem que imitar a Deus tanto trabalhando quanto descansando, pois Deus mesmo quis apresentar-lhe a própria obra criadora sob a forma de trabalho e de descanso»[1].

Corresponde à pessoa humana prolongar a obra criadora mediante seu trabalho[2], mas sem esquecer o descanso. O sétimo dia, que Deus santifica, tem um profundo

---

(1) São João Paulo II, Encíclica *Laborem Exercens,* 14.9.1981, n. 25.
(2) Cf. *Catecismo da Igreja Católica*, n. 2184.

significado: de um lado, é um tempo apropriado para reconhecer a Deus como autor e Senhor de todo o criado; por outro lado, é uma antecipação do descanso e da alegria definitivos na ressurreição, e uma necessidade para que se possa continuar a trabalhar.

A mensagem de São Josemaria valoriza muito o trabalho, mas assinala um limite. Não o glorifica como se fosse o fim último, nem apresenta o sucesso profissional como um ídolo ao qual o homem deve sacrificar a vida. O descanso não é uma eventualidade opcional, é um dever da lei moral natural e um preceito da Igreja, estabelecido como parte constitutiva da santificação das festas[3].

Uma vida que transcorresse submersa nas fadigas do trabalho, como se tudo dependesse disso, «correria o risco de esquecer que Deus é Criador, do qual tudo depende»[4]. O cristão tem de fazer tudo para a glória de Deus[5], e nesse «tudo» está incluído o descanso, que é parte do caminho de santificação. «Tudo é meio de santidade: o trabalho e o descanso [...]: em tudo devemos amar e cumprir a Vontade de Deus»[6].

Harmonizar o trabalho e o descanso

Deus é um Pai que conhece perfeitamente os seus filhos. Ao mesmo tempo em que nos convida a colabo-

---

(3) Cf. Concílio Vaticano II, Constituição pastoral *Gaudium et spes*, n. 67; Código de Direito Canônico, c. 1247; *Catecismo da Igreja Católica*, n. 2184 e segs.; São João Paulo II, Carta *Dies Domini*, 31.5.1998.

(4) São João Paulo II, Carta *Dies Domini*, n. 65.

(5) Cf. 1 Cor 10, 31.

(6) São Josemaria Escrivá, *A sós com Deus*, n. 29.

rar com Ele no aperfeiçoamento da criação mediante o trabalho, manda-nos descansar para reconhecermos que o trabalho não é um fim último da nossa vida e para que não esqueçamos os nossos limites, nem a condição frágil e quebradiça de nossa natureza. A chamada divina ao trabalho inclui o dever de interrompê-lo, a obrigação do descanso. «De fato, a alternância de trabalho e descanso, inscrita na natureza humana, foi querida pelo próprio Deus»[7].

Sobrestimar as próprias forças poderia dar lugar a danos à saúde física e psíquica, que Deus não quer e que seriam obstáculo para o serviço aos demais. «O repouso» – escreve São João Paulo II – «o repouso é coisa "sagrada", constituindo a condição necessária para o homem se subtrair ao ciclo, por vezes excessivamente absorvente, dos afazeres terrenos e retomar consciência de que tudo é obra de Deus»[8].

Certamente há momentos nos quais o Senhor pode pedir esforços que acarretem um maior desgaste, mas essas situações têm de ser moderadas na direção espiritual, porque somente então teremos a garantia de que é Deus quem no-lo pede e que não nos enganamos com motivos humanos pouco claros.

São Josemaria incentivava a trabalhar com intensidade, combatendo a preguiça e a desordem, mas acrescentava: «Como é que trabalhará o burro se não lhe dão de comer nem dispõe de algum tempo para restaurar as forças...?»[9]

---

(7) São João Paulo II, Carta *Dies Domini*, n. 65.

(8) *Ibidem*.

(9) Josemaria Escrivá, *Amigos de Deus*, n. 137.

Parece-me, por isso, oportuno lembrar-vos da conveniência do descanso. Se a doença bater à porta, recebê-la-emos com alegria, como vinda das mãos de Deus, mas não a devemos provocar com a nossa imprudência: somos homens, e temos necessidade de repor as forças do nosso corpo[10].

A vida do Bem-aventurado Álvaro del Portillo é um exemplo grandioso de disponibilidade para trabalhar com espírito de sacrifício heroico e, ao mesmo tempo, de docilidade para descansar o necessário.

O descanso não consiste no simples ócio, no sentido de «moleza». Não deve ser entendido negativamente, mas sim como uma atitude positiva. «O descanso não é não fazer nada: é distrairmo-nos em atividades que exigem menos esforço»[11]. O descanso de Deus ao concluir a criação não é inatividade. Lê-se na Sagrada Escritura, no contexto da obra criadora, que Deus *brinca com o orbe da terra e que suas delícias são estar com os filhos dos homens* (Pr 8, 31). Também o descanso do homem é uma atividade recreativa, e não a simples abstenção do trabalho.

A razão de ser do descanso é o trabalho, e não o contrário. Descansa-se para trabalhar, não se trabalha para descansar ou para obter meios econômicos que permitam entregar-se ao ócio. Concluída a criação, Deus descansou da sua obra, mas também seguiu agindo:

Opera com a força criadora, sustentando na existência o mundo que chamou do nada ao ser, e opera

---

(10) São Josemaria Escrivá, *Carta*, 15.10.1948, n. 14.

(11) Josemaria Escrivá, *Caminho*, n. 357; *Amigos de Deus*, n. 62.

SANTIFICAR O DESCANSO 73

com a força salvífica nos corações dos homens (cf. Hb 4, 1; 9-16), os quais destinou desde o princípio ao descanso em união consigo mesmo, na casa do Pai (cf. Jo 14, 2)[12].

Sempre entendi o descanso como um afastar-se do acontecer diário, nunca como dias de ócio. Descanso significa represar: acumular forças, ideais, planos... Em poucas palavras: mudar de ocupação, para voltar depois – com novos brios – às tarefas habituais[13].

São Josemaria considera a distração e o descanso «tão necessários quanto o trabalho na vida de cada um»[14]. O descanso é positivamente matéria de santificação. Não é só uma exigência da santificação das festas, um deixar de trabalhar que permite dedicar tempo ao culto divino, mas também uma atividade que há de ser santificada. Assim como o cristão tem de «trabalhar em Cristo» – viver a vida de Cristo no trabalho –, igualmente deve «descansar em Cristo». Esta expressão pode se referir ao repouso eterno, mas também se aplica ao descanso nessa terra. «Descansar em Cristo» significa, de um lado, abandonar nEle todas as preocupações (cf. Mt 11, 28-30), o que é possível a todo momento, inclusive no meio do trabalho. Por outro lado, pode se referir ao tempo dedicado especificamente ao descanso, e então «descansar em Cristo» significa buscar nesses momentos a união com Ele, a que o Senhor nos convida quando diz aos Apóstolos: *Vinde à parte, para algum lugar deserto, e*

---

(12) São João Paulo II, Encíclica *Laborem exercens*, 14.9.1981, n. 25. Cf. Jo 5, 17.

(13) Josemaria Escrivá, *Sulco*, n. 514.

(14) Josemaria Escrivá, *Amigos de Deus*, n. 10.

descansai um pouco (Mc 6, 31)[15]. Jesus queria que os seus amigos descansassem com Ele, e «não recusava o descanso que lhe ofereciam as suas amizades»[16]. A união com Cristo não deve conhecer pausas: o descanso não é um parêntese no trato com Ele.

Em ambientes onde existe uma competitividade exagerada que tende a absorver quase todo o tempo disponível, é especialmente importante não perder a visão cristã do descanso. De maneira particular:

> O descanso dominical e festivo adquire uma dimensão «profética», defendendo não só o primado absoluto de Deus, mas também o primado e a dignidade da pessoa sobre as exigências da vida social e econômica, e antecipando de certo modo os «novos céus» e a «nova terra», onde a libertação da escravidão das necessidades será definitiva e total. Em resumo, o dia do Senhor, na sua forma mais autêntica, torna-se também o *dia do homem*[17].

Descansar como filhos de Deus

Com a plenitude da Revelação, em Cristo, alcançamos uma compreensão mais plena do trabalho e do descanso, inseridos na dimensão salvadora: o descanso, como antecipação da Ressurreição, ilumina a fadiga do trabalho como união à Cruz de Cristo.

Assim como, em Cristo, Cruz e Ressurreição formam uma unidade inseparável, ainda que sejam dois aconte-

---

(15) Cf. Josemaria Escrivá, *É Cristo que passa*, n. 108.
(16) Josemaria Escrivá, *Amigos de Deus*, n. 121.
(17) São João Paulo II, Carta *Dies Domini*, n. 68.

cimentos históricos sucessivos, analogamente, o trabalho e o descanso devem estar integrados em unidade vital. Por isso, além da sucessão temporal da troca de ocupação que supõe o descanso à parte do trabalho, trabalha-se e se descansa no Senhor: trabalha-se e se descansa como filhos de Deus.

Essa nova perspectiva introduz o descanso no próprio trabalho, realizando-o como uma tarefa filial, sem tirar o que tem de esforço e fadiga. O que fica excluído é outro gênero de cansaço bem distinto, que procede de buscar no trabalho principalmente a afirmação pessoal e de trabalhar somente por motivos humanos. Esse cansaço Deus não quer: *Inútil levantar-vos antes da aurora, e atrasar até alta noite vosso descanso, para comer o pão de um duro trabalho* (Sl 126, 2).

Descansai, filhos, na filiação divina. Deus é um Pai, cheio de ternura, de infinito amor. Chamai-O Pai muitas vezes, e dizei-lhe – a sós – que O amais, que O amais muitíssimo: que sentis o orgulho e a força de ser filhos seus[18].

Nós, filhos de Deus, achamos descanso no abandono filial de quem sabe que, por trás das dificuldades e preocupações próprias da nossa condição terrena, há um Pai eterno e onipotente, que nos ama e nos sustém.

Saber-se filhos de Deus – outros Cristos, o próprio Cristo – conduz a um trabalho mais sacrificado e abnegado, em que se abraça a Cruz de cada dia com o amor do Espírito Santo, para cumprir a Vontade de Deus sem

---

(18) São Josemaria Escrivá, *A sós com Deus*, n. 221.

desfalecer. O sentido da filiação divina nos move a trabalhar sem descanso, porque o cansaço do trabalho passa a ser redentor. Então, vale a pena empenhar-nos com todas as energias na tarefa, já que não obtemos apenas frutos materiais, mas também levamos o mundo a Cristo.

No episódio da Transfiguração se narra que *seis dias depois* de anunciar sua Paixão e morte, *Jesus tomou consigo Pedro, Tiago e João, seu irmão, e conduziu-os à parte a uma alta montanha. Lá se transfigurou na presença deles* (Mt 17, 1-4). São Tomás, comentando essa passagem, relaciona os *seis dias depois*, pelos quais o Senhor decidiu para manifestar a seus discípulos uma antecipação da Ressurreição gloriosa, com o dia sétimo em que Deus descansou da obra criadora[19]. Os três discípulos, admirados da glória do Senhor, expressam a alegria de contemplá-lO e o desejo de prolongar essa antecipação do Céu: *Senhor, é bom estarmos aqui. Se queres, farei aqui três tendas.* Mas esse momento não devia se perpetuar ainda. O gozo do Tabor haveria de lhes dar, no entanto, esperança para continuar o caminho que, passando pela Cruz, conduz à Ressurreição.

Santificar o descanso, e especialmente o descanso dominical – paradigma do descanso cristão que celebra a Ressurreição do Senhor –, ajuda a descobrir o sentido de eternidade e contribui para renovar a esperança:

> O domingo significa o dia realmente único que virá após o tempo atual, o dia sem fim, que não conhecerá tarde nem manhã, o século imorredouro que não poderá envelhecer; o domingo é o prenúncio in-

---

(19) São Tomás de Aquino, *In Matth. Ev.*, XVII, 1.

cessante da vida sem fim, que reanima a esperança dos cristãos e os estimula no seu caminho[20].

Santificar as diversões no lar e fora do lar

Os primeiros cristãos viviam a sua fé num ambiente hedonista e pagão. Desde o princípio, deram-se conta de que o seguimento de Cristo não era compatível com formas de descanso e de diversão que desumanizam ou degeneram. Em uma homilia, Santo Agostinho se referia com palavras enérgicas à assistência a espetáculos deste tipo: «Nega-te a ir, reprimindo em teu coração a concupiscência temporal, e mantém-te em uma atitude forte e perseverante»[21].

É preciso discernir, «entre os meios da cultura humana e as diversões que a sociedade proporciona, aqueles que estão mais de acordo com uma vida segundo os preceitos do Evangelho»[22].

Com valentia e verdadeira preocupação pelo bem dos outros, devemos esforçar-nos para selecionar diversões dignas, que correspondam ao sentido cristão do repouso. Antes de tudo no próprio lar: é necessário aprender a descansar em família, superando a comodidade e a tendência a pensar somente em si mesmo, e ocupar-se ativamente do descanso dos outros. Não é pouca a atenção necessária para escolher os programas de televisão mais convenientes e vê-los junto aos filhos pequenos. Também é preciso evitar a solução fácil de deixar os filhos um

---

(20) São João Paulo II, Carta *Dies Domini,* n. 26.

(21) Santo Agostinho, *Sermo 88, 17.*

(22) São João Paulo II, Carta *Dies Domini,* n. 68.

pouco mais velhos sozinhos na frente do televisor ou navegando na internet. A família tem de ser uma escola em que todos os membros aprendam a descansar pensando uns nos outros.

Mas não só se descansa no próprio lar. O Bem-aventurado Álvaro del Portillo, seguindo o ensinamento de São Josemaria, considerava importante a criação de lugares «onde impere um tom cristão nas relações sociais, nas diversões, no aproveitamento do tempo livre»[23]. O Concílio Vaticano II animou todos os cristãos a cooperar na imponente tarefa direcionada a conseguir «que as manifestações e atividades culturais coletivas, características do nosso tempo, sejam penetradas de espírito humano e cristão»[24]. Em Jesus, Maria e José, vemos esse equilíbrio harmônico.

«Família, trabalho, festa: três dons de Deus, três dimensões da nossa existência que têm de encontrar um equilíbrio harmônico»[25]. A vida familiar e o trabalho não impediam os três de participar das festas: *Iam todos os anos a Jerusalém para a festa da Páscoa* (Lc 2, 41). Esse também é um modo de descansar, de cultivar a relação com os amigos, de conhecer outras famílias e de dar vigor à sociedade.

A Igreja necessita de pessoas que se dediquem, com mentalidade laical, a este campo da nova evangelização.

Urge recristianizar as festas e os costumes populares. – Urge evitar que os espetáculos públicos se vejam nessa disjuntiva: ou piegas ou pagão.

---

(23) Bem-aventurado Álvaro del Portillo, *Carta pastoral*, 1.7.1988.

(24) Concílio Vaticano II, Constituição pastoral *Gaudium et spes*, n. 61.

(25) Bento XVI, Homilia em Milão, 3.6.2012.

Pede ao Senhor que haja quem trabalhe nessa tarefa urgente, a que podemos chamar «apostolado da diversão»[26].

---

(26) Josemaria Escrivá, *Caminho*, n. 975.

O EIXO DA NOSSA SANTIFICAÇÃO

Entre todas as atividades temporais que são matéria de santificação, o trabalho profissional ocupa um lugar primordial nos ensinamentos de São Josemaria. De palavra e por escrito, afirma constantemente que a santificação do trabalho é «como que o eixo da verdadeira espiritualidade para os que – imersos nas realidades temporais – estão decididos a ter uma vida de intimidade com Deus»[1].

Dentro da espiritualidade laical, a peculiar fisionomia espiritual e ascética da Obra aporta uma ideia, meus filhos, que é importante destacar. Disse-vos uma infinidade de vezes, desde 1928, que o trabalho é para nós o eixo ao redor do qual há de girar todo o nosso empenho para conseguir a perfeição cristã. [...] E, ao mesmo tempo, esse trabalho

---

(1) Josemaria Escrivá, *Amigos de Deus*, n. 61.

profissional é o eixo ao redor do qual gira todo nosso empenho apostólico[2].

Este ensinamento é um traço peculiar do espírito que Deus fez ver a São Josemaria em 2 de outubro de 1928. Não é o único modo de orientar a santificação das realidades temporais, mas sim o modo específico e próprio do espírito do Opus Dei.

A vocação sobrenatural à santidade e ao apostolado segundo o espírito do Opus Dei confirma a vocação humana ao trabalho [...]. Um dos sinais essenciais dessa vocação é precisamente viver no mundo e desempenhar ali um trabalho – contando, volto a dizê-lo, com as próprias imperfeições pessoais – da maneira mais perfeita possível, tanto do ponto de vista humano como do sobrenatural[3].

Trabalho profissional

A atividade ordinária não é um pormenor de pouca importância, mas o eixo da nossa santificação, oportunidade contínua de nos encontrarmos com Deus, de louvá-lo e glorificá-lo com a obra da nossa inteligência ou das nossas mãos[4].

Nesses textos e em outras muitas ocasiões, São Josemaria se refere, com a expressão «eixo da nossa santifi-

---

(2) São Josemaria Escrivá, *Carta*, 25.1.1961, n. 10.

(3) *Idem*, n. 70.

(4) Josemaria Escrivá, *Amigos de Deus*, n. 81.

cação», umas vezes ao trabalho e outras à santificação do trabalho. Ao trabalho, porque é a própria matéria com que se constrói o eixo; e à santificação do trabalho, porque não basta trabalhar: se o trabalho não é santificado, não serve de eixo para a busca da santidade.

O trabalho que São Josemaria indica como eixo da vida espiritual não é uma atividade qualquer. Não se trata de tarefas realizadas por passatempo, para cultivar uma inclinação ou por outros motivos, às vezes por necessidade e com esforço. Trata-se precisamente do trabalho profissional: o ofício publicamente reconhecido – *munus publicum* – que cada um realiza na sociedade civil como atividade que lhe serve e constrói, que é objeto de deveres e responsabilidades assim como de direitos, entre os quais se encontra o da justa remuneração. São profissionais, por exemplo, o trabalho do arquiteto, do carpinteiro, do professor, o trabalho do lar...

De certo modo, também o ministério sacerdotal pode ser chamado de trabalho profissional – assim o faz algumas vezes São Josemaria[5] –, pois é uma tarefa pública a serviço de todas as pessoas e, concretamente, a serviço da santificação dos fiéis correntes no desempenho das diversas profissões, contribuindo assim à edificação cristã da sociedade, missão que exige a cooperação do sacerdócio comum e do ministerial. Embora seja em si mesmo um ministério sagrado – uma tarefa que não é profana, mas santa –, aquele que a realiza não se torna santo automaticamente. O sacerdote tem de lutar para santificar-se no exercício do ministério e, em consequência, pode viver o espírito de santificação do trabalho que ensina o Fun-

---

(5) Cf. Josemaria Escrivá, *Amigos de Deus*, n. 265.

dador do Opus Dei, realizando-o com «alma verdadeiramente sacerdotal e mentalidade plenamente laical»[6].

Convém recordar que algumas vezes São Josemaria também chama de trabalho profissional a doença, a velhice e as outras situações da vida que absorvem as energias que seriam, do contrário, dedicadas à profissão. Assim como o amor a Deus leva a realizar os deveres profissionais com perfeição, também um doente pode cuidar, no que depende de si, por Deus e com sentido apostólico, das exigências do seu tratamento – exercícios, dieta –, e esforçar-se por ser um bom paciente, que sabe obedecer até se identificar com Cristo, *obediente até a morte, e morte de Cruz* (Fl 2, 8). Nesse sentido, «a doença e a velhice, quando chegam, transformam-se em labor profissional. E assim não se interrompe a busca da santidade, segundo o espírito da Obra, que se apoia, como a porta no gonzo, no trabalho profissional»[7].

Outra situação semelhante, por exemplo, é a de quem procura emprego. O Fundador do Opus Dei costumava dizer, indubitavelmente em sentido análogo, que o trabalho «profissional» dessas pessoas nesse momento é precisamente «buscar trabalho», de modo que devem realizar da melhor maneira possível, por amor a Deus, todas as tarefas que isso exige.

Em todo caso, como é lógico, quando se fala de trabalho profissional, se pensa normalmente nas pessoas que exercem a sua profissão civil, não nessas ou-

---

(6) São Josemaria Escrivá, *Carta*, 28.3.1955, n. 3, citada por A. de Fuenmayor, V. Gómez Iglesias, J. L. Illanes, *El itinerario jurídico del Opus Dei, historia y defensa de un carisma*, Eunsa, Pamplona,1989, pág. 286.

(7) *Apontamentos da pregação* (AGP, P01 III-65, pág. 11).

tras situações às quais a expressão se aplica por analogia. No presente capítulo falaremos do trabalho profissional, em sentido próprio e principal, que constitui o eixo ou dobradiça da santificação no magistério de São Josemaria.

Na trama da vida diária

As tarefas familiares, profissionais e sociais formam uma trama que é a matéria de santificação e o terreno de apostolado de um fiel corrente. Essa trama pode ser santificada de várias maneiras. Aquela ensinada por São Josemaria tem como uma de suas características principais que o eixo da santificação é o trabalho profissional, fator fundamental pelo qual a sociedade civil qualifica os cidadãos[8].

Essa característica tem seu fundamento nas relações entre a santificação pessoal no meio do mundo e o cumprimento dos deveres profissionais, familiares e sociais, como se considerará a seguir. Entende-se aqui por mundo a sociedade civil, que os fiéis leigos, com a cooperação do sacerdócio ministerial, haverão de configurar e empapar de espírito cristão.

A santificação no meio do mundo exige «a santificação do mundo *ab intra,* desde as próprias entranhas da sociedade civil»[9], que consiste em «iluminar e ordenar de tal modo as realidades temporais, a que [os fiéis] estão estrei-

---

(8) Cf. Ernst Burkhart e Javier López, *Vida cotidiana y santidad en la enseñanza de san Josemaría,* volume III, pág. 222 e segs.

(9) São Josemaria Escrivá, *Carta,* 14.2.1950, n. 20.

tamente ligados, que elas sejam sempre feitas segundo Cristo e progridam e glorifiquem o Criador e Redentor (cf. Ef 1, 10)»[10]. Para levar a cabo essa missão é essencial santificar a família, origem e fundamento da sociedade humana, e sua célula primeira e vital[11]. Contudo, a sociedade não é simplesmente um aglomerado de famílias, assim como um corpo não é só um aglomerado de células.

Há uma organização e uma estrutura, uma vida própria do corpo social. Para iluminar a sociedade com o espírito cristão é necessário santificar, além da família, as relações sociais, criando um clima de amizade e de serviço, cooperando pelas vias de participação social e política no estabelecimento de estruturas – como são as leis civis – conformes à dignidade da pessoa humana e, portanto, à lei moral natural, e dando tom cristão aos costumes, modas e diversões. No entanto, para isso não bastam as relações sociais. São as diversas atividades profissionais que configuram radicalmente a sociedade, sua organização e sua vida, influindo também, de modo profundo, nas próprias relações familiares e sociais.

A santificação do trabalho profissional – com a santificação da vida familiar e social – não só é necessária para modelar a sociedade segundo o querer de Deus, mas também serve de eixo na estrutura que formam essas atividades. Isso não significa que os deveres profissionais sejam mais importantes que as tarefas familiares e sociais, mas sim que são apoio para a família e a convivência social. Assim como não serviria de nada um gonzo sem porta, da

---

(10) Concílio Vaticano II, Constituição dogmática *Lumen gentium*, n. 31.

(11) Cf. Concílio Vaticano II, Decreto *Apostolicam actuositatem*, 18.11.1965, n. 11.

mesma maneira não teria sentido – por muito que brilhasse – um trabalho profissional isolado do conjunto, convertido em fim de si mesmo: um trabalho que não fosse eixo da santificação de toda a vida cotidiana, profissional, familiar e social. Mas ao mesmo tempo, o que seria da porta sem o eixo? Para São Josemaria, o trabalho profissional e o cumprimento dos deveres familiares e sociais não devem entrar em conflito, mas, pelo contrário, são elementos inseparáveis da unidade de vida necessária para a santificação no meio do mundo a partir de dentro.

Além da função peculiar do trabalho para santificar a sociedade por dentro, é necessário considerar que a santificação do trabalho pode ser tomada como eixo da vida espiritual porque ordena a pessoa a Deus em aspectos profundos que precedem a vida familiar e social; aspectos aos quais a própria vida familiar e a social devem servir. Com efeito, com palavras do Concílio Vaticano II, «a pessoa humana, uma vez que, por sua natureza, necessita absolutamente da vida social, é e deve ser o princípio, o sujeito e o fim de todas as instituições sociais»[12]. Ao falar de instituições sociais se incluem, como indica pouco depois o mesmo documento, «a família e a sociedade política, [que] correspondem mais imediatamente à sua natureza íntima [à natureza íntima do homem]»[13]. Portanto, a família e a sociedade se ordenam totalmente ao bem da pessoa, que tem necessidade de vida social. Por outro lado, cabe à pessoa buscar o bem da família e da sociedade com todo seu ser e agir, ainda que não se ordene totalmente a esse bem. Em sentido estrito, a

---

(12) Concílio Vaticano II, Constituição pastoral *Gaudium et spes*, n. 25.

(13) *Ibidem.*

pessoa somente se ordena totalmente à união com Deus, à santidade[14].

O trabalho pode ser eixo de toda a vida espiritual porque, além de servir ao bem da família e à configuração cristã da sociedade, é campo para o aperfeiçoamento do homem e para a sua ordenação a Deus em aspectos que não estão inclusos na vida familiar e social, por serem específicos do âmbito profissional: a justiça nas relações laborais, a responsabilidade no próprio trabalho, a laboriosidade, as muitas manifestações de fortaleza, constância, lealdade e paciência... Isso para mencionar somente alguns exemplos.

É a todo esse conjunto de elementos que São Josemaria se refere quando convida a considerar que:

> O trabalho é o veículo pelo qual o homem se insere na sociedade, o meio pelo qual se une ao conjunto das relações humanas, o instrumento que lhe assinala um lugar, uma posição na convivência dos homens. O trabalho profissional e a existência no mundo são duas faces da mesma moeda, são duas realidades que se exigem mutuamente, sem que seja possível entender uma à margem da outra[15].

Definitivamente, o juízo de que a santificação do trabalho é o «eixo» da santificação no meio do mundo está solidamente fundado na visão cristã da pessoa e da sociedade, tanto por causa da missão de santificar a sociedade a partir de dentro, pois ela se configura principalmente pelos diversos trabalhos profissionais, como pela santi-

---

(14) Cf. São Tomás de Aquino, *Summa Theologiae*, I-II, q. 21, a. 4, ad 3.

(15) São Josemaria Escrivá, *Carta*, 6.5.1945, n. 13.

O EIXO DA NOSSA SANTIFICAÇÃO 89

ficação pessoal no cumprimento dessa missão, já que a santificação do trabalho serve à ordenação total da pessoa a Deus: não só contribui para ordenar cristãmente a vida familiar e social, mas também para a completa identificação com Cristo através do aperfeiçoamento das outras dimensões da pessoa que não se encontram englobadas nos âmbitos familiar e social.

A vocação profissional

Por ser o trabalho o eixo da vida espiritual, compreende-se que São Josemaria afirme que a «vocação profissional não é só uma parte, mas sim uma parte principal da nossa vocação sobrenatural»[16].

Cada um descobre a sua vocação profissional pelas qualidades e aptidões que recebeu de Deus, pelos deveres a cumprir no lugar e nas circunstâncias em que se encontra, pelas necessidades da sua família e da sociedade, pelas possibilidades reais de exercer um ofício ou outro. Tudo isso – e não somente os gostos ou as inclinações e menos ainda os caprichos da fantasia – é o que configura a vocação profissional de cada um. Chama-se vocação porque esse conjunto de fatores representa uma chamada de Deus para escolher a atividade profissional mais conveniente como matéria de santificação e apostolado.

Não podemos nos esquecer de que a vocação profissional é parte de nossa vocação divina «na medida em

---

(16) Texto de 31.5.1954, citado por José Luis Illanes em *La santificación del trabajo*, Palabra, Madri, 1981, pág. 42.

que é meio para nos santificarmos e para santificar os demais»[17]; e, portanto:

> Se em algum momento a vocação profissional implica um obstáculo, [...] se absorve de tal modo que dificulta ou impede a vida interior ou o fiel cumprimento dos deveres de estado [...], não é parte da vocação divina, porque já não é vocação profissional[18].

Posto que a vocação está determinada em parte pela situação de cada um, não é uma chamada para exercer um trabalho profissional fixo e predeterminado, independentemente das circunstâncias.

A vocação profissional é algo que vai se concretizando ao longo da vida: não poucas vezes aquele que começou a estudar algo descobre depois que está melhor dotado para outras tarefas, e se dedica a elas; ou acaba se especializando em um campo distinto do que previu a princípio; ou encontra, já em pleno exercício da profissão que escolheu, um novo trabalho que lhe permite melhorar a posição social dos seus, ou contribuir mais eficazmente para o bem da coletividade; ou se vê obrigado, por razões de saúde, a trocar de ambiente e de ocupação[19].

A vocação profissional é uma chamada a desempenhar uma profissão na sociedade. Não uma qualquer, mas sim aquela – dentro das que se apresentam como possíveis – através da qual melhor se pode alcançar o fim sobrena-

---

(17) São Josemaria Escrivá, *Carta*, 15.10.1948, n. 7.

(18) *Ibidem.*

(19) *Idem,* n. 33.

tural a que se ordena o trabalho como matéria e meio de santificação e apostolado, e com a qual cada um «ganha a vida, mantém a família, contribui para o bem comum, desenvolve a personalidade»[20]. Não se deve optar pelo trabalho mais simples como se desse no mesmo, nem fazer uma escolha guiado superficialmente pelo gosto ou pelo brilho humano. O critério de escolha deve ser o amor a Deus e às almas: o serviço que se pode prestar à extensão do Reino de Cristo e ao progresso humano, fazendo render os talentos que se receberam.

Quando o eixo está bem posto e lubrificado, a porta gira com segurança e suavidade. Quando o trabalho está firmemente assentado no sentido da filiação divina, quando é trabalho de um filho de Deus – obra de Deus, como o trabalho de Cristo –, toda a estrutura da vida pode se mover com harmonia, abrindo as entranhas da sociedade à graça divina. Quando o eixo está ausente, porém, como será possível empapar a sociedade de espírito cristão? E quando o eixo está oxidado, ou torcido, ou fora de lugar, de que servirá, ainda que seja feito de um metal valioso?

Mais: quando surgem conflitos entre o trabalho profissional e as tarefas familiares e sociais, se ele as estorva, complica-as e até as paralisa, será necessário questionar o valor de um eixo sem porta. E, sobretudo, e na raiz de tudo, se o trabalho está desvinculado do seu fundamento, que é a filiação divina, se não fosse um trabalho santificado, que sentido teria para um cristão?

Vamos pedir luz a Jesus Cristo Senhor Nosso e suplicar-lhe que nos ajude a descobrir em cada instante

---

(20) Josemaria Escrivá, *Entrevistas com Mons. Josemaria Escrivá*, n. 70.

esse sentido divino que transforma a nossa vocação profissional no eixo sobre o qual assenta e gira a nossa chamada à santidade. Veremos no Evangelho que Jesus era conhecido como *faber, filius Mariae*, o operário, o filho de Maria. Pois bem, também nós, com um orgulho santo, temos que demonstrar com as nossas obras que somos trabalhadores!, homens e mulheres de trabalho![21]

---

(21) Josemaria Escrivá, *Amigos de Deus*, n. 62.

TRABALHAR POR AMOR

«O homem não deve limitar-se a fazer coisas, a construir objetos. O trabalho nasce do amor, manifesta o amor, ordena-se para o amor»[1]. Ao ler essas palavras de São Josemaria, é possível que dentro de nossas almas surjam algumas perguntas que abram caminho a um diálogo sincero com Deus: Por que eu trabalho? Como é o meu trabalho? O que pretendo ou busco com meu trabalho profissional? É hora de recordar que o fim da nossa vida não é fazer coisas, mas sim amar a Deus. «A santidade não consiste em fazer coisas cada dia mais difíceis, mas sim em fazê-las a cada dia com mais amor»[2].

Muita gente trabalha – e trabalha muito –, mas não santifica seu trabalho. Fazem coisas, constroem objetos, buscam resultados, pelo sentido do dever, para ga-

---

(1) Josemaria Escrivá, *É Cristo que passa*, n. 48.

(2) *Apontamentos da pregação* (AGP, P10, n. 25).

nhar dinheiro, por ambição; algumas vezes triunfam e outras fracassam; ficam alegres ou tristes; sentem interesse e paixão pela sua tarefa ou decepção e fastio; têm satisfações e também inquietações, temores e preocupações; uns se deixam levar pela inclinação à atividade, outros pela preguiça...

Tudo isso pertence ao mesmo plano: o plano da natureza humana ferida pelas consequências do pecado, com seus conflitos e contrastes, como um labirinto pelo qual deambula o homem que vive segundo a carne, nas palavras de São Paulo – o *animalis homo* –, preso num ir daqui para ali, sem encontrar o caminho da liberdade e do sentido. Mas há outra possibilidade, de que também fala São Paulo: a vida segundo o Espírito, que é a vida dos filhos de Deus que se deixam guiar pelo Amor (cf. Gl 5, 16.18.22; Rm 8, 14).

O trabalho nasce do amor

O que significa para um cristão que «o trabalho nasce do amor, manifesta o amor, ordena-se ao amor»[3]? Primeiro convém considerar a que amor se refere São Josemaria. Existe o chamado amor de concupiscência, que consiste em amar algo com o fim de satisfazer o próprio gosto sensível ou o desejo de prazer. Não é desse amor que nasce, em última análise, o trabalho de um filho de Deus, ainda que muitas vezes ele trabalhe com gosto e seja apaixonado por sua tarefa profissional.

Um cristão não deve trabalhar apenas ou principalmente quando sentir vontade ou quando tudo correr

---

(3) Josemaria Escrivá, *É Cristo que passa*, n. 48.

bem. O seu trabalho nasce de outro amor, mais alto: o amor de benevolência, que busca diretamente o bem da pessoa amada, não o próprio interesse. Se o amor de benevolência é mútuo, o chamamos de *amizade*[4], e esta é tão maior quanto mais exista disposição de não apenas dar algo ao amigo, mas de entregar-se a si mesmo pelo bem do amigo. *Ninguém tem maior amor que o de dar a vida pelos seus amigos* (Jo 15, 13).

Nós, os cristãos, podemos amar a Deus com amor de amizade sobrenatural, porque Ele nos fez seus filhos e quer que O tratemos com confiança filial, e vejamos os seus outros filhos como irmãos. É a esse amor que se refere São Josemaria quando escreve que «o trabalho nasce do amor»: é o amor dos filhos de Deus que são amigos de Deus, o amor sobrenatural a Deus e aos outros por Deus: *a caridade que foi derramada em nossos corações pelo Espírito Santo que nos foi dado* (Rm 5, 5).

Querer o bem de uma pessoa nem sempre significa ser complacente com a sua vontade. Pode acontecer de ela querer algo que não seja um bem – isso acontece, por exemplo, com as mães, que não dão aos filhos algo que lhes possa fazer mal, por mais que peçam. Em contrapartida, amar a Deus é sempre querer a sua Vontade, porque a Vontade de Deus é o bem.

Por isso, para um cristão, o trabalho nasce do amor a Deus, já que o amor filial nos leva a cumprir a Sua Vontade divina, e a Vontade divina é que trabalhemos (cf. Gn 2, 15; 3, 23; Mc 6, 3; 2 Ts 3, 6-12). Dizia São Josemaria que «se queremos de verdade santificar o trabalho,

---

(4) Cf. São Tomás de Aquino, *Summa Theologiae*, II-II, q. 23, a. 1, c.

é preciso que cumpramos ineludivelmente a primeira condição: trabalhar»[5]. Ele mesmo queria trabalhar como um burrico de nora, por amor a Deus, que abençoou a sua generosidade com inumeráveis frutos de santidade em todo o mundo.

Cumprir essa condição básica e necessária equivale a «trabalhar tanto quanto Deus quiser», nem mais nem menos. A atividade de trabalhar é objeto de uma virtude moral, a laboriosidade, que marca a «justa medida» – a excelência, que é a virtude – entre trabalhar pouco ou nada, deixando-se dominar pela preguiça, e trabalhar em excesso, descuidando outros deveres que se deviam atender.

Para quem deseja santificar o trabalho, a preguiça é «a primeira frente em que se deve lutar»[6]. No extremo oposto, a laboriosidade se deforma quando não se põem os devidos limites ao trabalho, exigidos pelo necessário descanso ou pela atenção à família e a outras relações que se hão de cuidar. Como já vimos, São Josemaria avisa contra o perigo de uma dedicação desmedida ao trabalho: a «profissionalite», como chama esse defeito para dar a entender que se trata de uma espécie de inflamação patológica da atividade profissional.

Rechaçai a excessiva profissionalite, quer dizer, o apego sem medida ao próprio trabalho profissional, que chega a se transformar num fetiche, num fim, deixando de ser um meio[7].

---

(5) Josemaria Escrivá, *Forja*, n. 698; cf. Josemaria Escrivá, *Caminho*, n. 998.

(6) São Josemaria Escrivá, *Carta*, 24.3.1931, n. 10.

(7) São Josemaria Escrivá, *Carta*, 24.12.1951, n. 82.

O trabalho manifesta o amor

O trabalho de um cristão manifesta o amor, não só porque o amor a Deus o leva a trabalhar, como consideramos, mas também porque o leva a trabalhar bem, porque Deus quer. O trabalho humano é, com efeito, participação na sua obra criadora[8], e Ele – que criou tudo por Amor – quis que suas obras fossem perfeitas[9], e que nós o imitássemos em seu modo de agir.

Modelo perfeito de trabalho humano é o realizado por Cristo, de quem se diz no Evangelho que *fez tudo bem* (Mc 7, 37). Essas palavras de louvor, que brotaram espontâneas ao contemplar seus milagres, operados em virtude de sua divindade, podem se aplicar também – assim o faz São Josemaria – ao trabalho de Jesus na oficina de Nazaré, realizado em virtude de sua humanidade. Era um trabalho cumprido por Amor ao Pai e a nós. Um trabalho que manifestava esse Amor através da perfeição com que estava feito. Não se trata apenas de perfeição técnica, mas fundamentalmente de perfeição moral, humana: perfeição de todas as virtudes que o amor pode pôr em exercício, dando-lhes um tom inconfundível: o tom da felicidade de um coração cheio de Amor que arde com o desejo de entregar a vida.

A tarefa profissional de um cristão manifesta o amor a Deus quando está bem-feita. Não importa que o resultado saia bem, mas sim que se tenha tentado traba-

---

(8) Cf. São João Paulo II, Encíclica *Laborem exercens*, n. 25; *Catecismo da Igreja Católica*, n. 2460.

(9) Cf. Dt 32, 4 (Vg). Gn 1, 10.12.18.21.25.31. Cf. *Catecismo da Igreja Católica*, n. 302.

lhar do melhor modo possível, empenhando as virtudes e empregando os meios disponíveis nas circunstâncias concretas. «Para um católico, trabalhar não é cumprir, é amar!; e exceder-se com muito gosto, e sempre, no dever e no sacrifício»[10].

Realizai, pois, vosso trabalho sabendo que Deus vos contempla: *laborem manuum mearum respexit Deus* (Gn 31, 42). Tem de ser a nossa, portanto, uma tarefa santa e digna dEle: não só acabada até o detalhe, mas sim levada a cabo com retidão moral, com hombridade, com nobreza, com lealdade, com justiça[11].

O motivo para trabalhar bem, em última análise, é que «não podemos oferecer ao Senhor uma coisa que, dentro das pobres limitações humanas, não seja perfeita, sem mancha, realizada com atenção até nos mínimos detalhes: Deus não aceita trabalhos "marretados"»[12].

Se uma pessoa oferece, voluntariamente, uma tarefa malfeita a Deus e, mais tarde, se corrige e passa a trabalhar bem para oferecer o melhor, podemos dizer que entre o primeiro e o segundo trabalhos há tanta diferença como entre o sacrifício de Caim e de Abel. Deus aceitou a oferenda deste último, enquanto recusou a do primeiro.

O amor a Deus se manifesta sempre, de um modo ou de outro, na atividade profissional de quem trabalha para agradá-lO. Talvez não seja suficiente simplesmente observar várias pessoas realizando a mesma atividade para captar o motivo pelo qual cada uma faz o que faz. Mas

---

(10) Josemaria Escrivá, *Sulco*, n. 527.

(11) São Josemaria Escrivá, *Carta*, 15.10.1948, n. 26.

(12) Josemaria Escrivá, *Amigos de Deus*, n. 55.

seria difícil que um olhar com mais atenção aos detalhes e ao conjunto da atitude de cada trabalhador – não só os aspectos técnicos, mas também o relacionamento com os colegas, o espírito de serviço, o modo de viver a lealdade, a alegria e as outras virtudes – deixasse de notar o *bonus odor Christi* (2 Cor 2, 15): o aroma do amor de Cristo que as ações de algum deles exalam.

Como não notar, por exemplo, que a justiça está informada pela caridade, e que não é a simples equidade dura e seca? Como não distinguir a honradez por amor a Deus do decoro por medo de ter uma falta descoberta, da simples busca por ficar bem ante os demais, ou da afirmação de si mesmo? Ou como não perceber o amor a Deus no sacrifício que requer o serviço ao próximo, na ajuda generosa inexplicável a partir de cálculos humanos?

Se o trabalho não manifesta o amor a Deus, talvez o fogo esteja se apagando. Se não é possível notar o calor, se depois de um certo tempo de convivência diária os colegas de profissão não sabem se têm a seu lado um cristão cabal ou só um homem decente e cumpridor, então talvez o sal se tenha tornado insípido (cf. Mt 5, 13). O amor a Deus não necessita de etiquetas para se dar a conhecer. É contagioso, é difusivo por si mesmo. Vale a pena examinar-se: o meu trabalho manifesta o amor a Deus? Quanta oração pode brotar dessa pergunta!

O trabalho se ordena ao amor

Ponhamos o Senhor como fim de todos os nossos trabalhos, que temos de fazer *non quasi hominibus pla-*

centes, sed Deo qui probat corda nostra (1 Ts 2, 4), não para agradar aos homens, mas sim a Deus que sonda nossos corações[13].

Ainda que São Josemaria mencione esse aspecto (a finalidade do trabalho) em terceiro lugar – depois de dizer que o trabalho nasce do amor e que manifesta o amor –, é ele o motor que move os outros dois aspectos, porque ordenar o trabalho ao amor de Deus não é uma finalidade justaposta ao trabalho, mas sim a causa final conscientemente assumida que nos leva a trabalhar e a trabalhar bem.

Convém perguntar-nos com frequência por que trabalhamos: por amor a Deus ou por amor próprio? Pode parecer que existam outras possibilidades, como trabalhar por costume, ou para ficar bem, ou por necessidade... Isso é um indício, porém, de que não fomos a fundo no exame, porque esses motivos não podem ser a resposta definitiva. Também precisamos nos alimentar por necessidade, para viver, e ainda assim perguntamos: Para que queremos viver? Para a glória de Deus ou para a própria glória? O mesmo vale para o trabalho. Não há mais alternativas. Por isso São Josemaria exorta: «Trabalhai de frente para Deus, sem ambicionar glória humana» e, a seguir, faz notar que «alguns veem no trabalho um meio para adquirir poder ou riqueza que satisfaça sua ambição pessoal, ou para sentir orgulho da própria capacidade de trabalhar»[14].

Quem se examina sinceramente, pedindo luzes a Deus, descobrirá onde pôs o seu coração ao realizar as

---

(13) São Josemaria Escrivá, *Carta*, 9.1.1932, n. 15.

(14) São Josemaria Escrivá, *Carta*, 15.10.1948, n. 18.

tarefas profissionais. E disso depende, em última análise, o valor do seu agir. No final dos tempos – ensina Jesus – *dois estarão no campo: um é elevado, e outro é deixado; duas moendo num moinho: uma é elevada, e outra é deixada* (Mt 24, 40-41). Realizavam o mesmo trabalho, mas não tinham o mesmo no coração, e o seu destino foi diferente.

«Põe um motivo sobrenatural em teu ordinário labor profissional, e terás santificado o trabalho»[15]. Essas palavras compendiam todos os aspectos anteriores. Pôr um motivo sobrenatural é o mesmo que ordenar o trabalho ao amor de Deus e dos outros por Deus, o que equivale a converter o trabalho em oração.

É necessário considerar também que um trabalho ordenado ao amor de Deus é um ato que deixa uma marca profunda em quem o realiza. Trabalhar por amor faz crescer no amor, na caridade que é a essência da santidade. O trabalho realizado por amor nos santifica, porque ao trabalhar assim dilatamos a capacidade de receber o amor que o Espírito Santo derrama em nossos corações. É, definitivamente, um trabalho que nos faz crescer como filhos de Deus.

Quando o trabalho se ordena ao amor, ele nos identifica com Cristo, *perfectus Deus, perfectus homo*[16], perfeito Deus e perfeito homem. Vale notar que este terceiro aspecto encerra o anterior, ao que já nos referimos. Porque trabalhar por amor a Deus e aos outros por Deus demanda o exercício das virtudes cristãs. Antes de mais nada, a

---

(15) Josemaria Escrivá, *Caminho*, n. 359.
(16) Símbolo Atanasiano.

102 TRABALHAR BEM, TRABALHAR POR AMOR

fé e a esperança, pressupostas e vivificadas pela caridade. E depois as virtudes humanas, pelas quais a caridade opera e se desenvolve. A tarefa profissional, se realizada por amor, converte-se em ginásio onde se exercitam as outras virtudes humanas e sobrenaturais: a laboriosidade, a ordem, o aproveitamento do tempo, a fortaleza, o cuidado das coisas pequenas... e tantos detalhes de atenção ao próximo, que são manifestações de uma caridade sincera e delicada[17]. E essa prática das virtudes humanas é imprescindível para sermos contemplativos no meio do mundo.

«Contemplo porque trabalho; e trabalho porque contemplo»[18], comentava São Josemaria numa ocasião. O amor e o conhecimento de Deus – a contemplação – levavam-no a trabalhar, e por isso afirma «trabalho porque contemplo»; e esse trabalho se convertia em meio de santificação e de contemplação: «contemplo porque trabalho».

É como um movimento circular – da contemplação ao trabalho, e do trabalho à contemplação – que se vai estreitando cada vez mais em torno a seu centro, Cristo, que nos atrai em sua direção e conosco todas as coisas, para que por Ele, com Ele, e nEle sejam dados toda honra e toda glória na unidade do Espírito Santo[19].

A realidade de que o trabalho de um filho de Deus ordena-se ao amor e por isso santifica é o motivo profundo pelo qual não se pode falar, sob a perspectiva da santidade – que é, afinal, a que conta –, de profissões de maior ou menor valor.

---

(17) Cf. Mons. Javier Echevarría, *Carta pastoral*, 4.7.2002, n. 13.

(18) *Apontamentos da pregação*, 2.11.1964.

(19) Cf. a conclusão da oração eucarística no Missal Romano.

Esta dignidade do trabalho se baseia no Amor[20]. Todos os trabalhos podem ter a mesma qualidade sobrenatural. Não há tarefas grandes e pequenas: todas são grandes, se se fazem por amor. As que são tidas como tarefas de grande importância ficam diminuídas quando se perde o sentido cristão da vida[21].

Se faltasse a caridade, o trabalho perderia seu valor diante de Deus, por mais brilhante que fosse perante os homens. *Ainda que conhecesse todos os mistérios e toda a ciência [...], se não tenho caridade, nada sou* (1 Cor 13, 2), escreve São Paulo. O que importa é «o empenho por fazer à maneira divina as coisas humanas, grandes ou pequenas, porque, pelo Amor, todas elas adquirem uma nova dimensão»[22].

---

(20) Josemaria Escrivá, *É Cristo que passa*, n. 48.

(21) Josemaria Escrivá, *Entrevistas com Mons. Josemaria Escrivá*, n. 109.

(22) Josemaria Escrivá, *É Cristo que passa*, n. 60.

CRUZ E RESSURREIÇÃO NO TRABALHO

Com a luz recebida de Deus, São Josemaria compreendeu profundamente o sentido do trabalho na vida do cristão, chamado a identificar-se com Cristo no meio do mundo. Os anos de Jesus em Nazaré se lhe apresentavam cheios de significado ao considerar que, em suas mãos, «o trabalho, e um trabalho profissional semelhante àquele que desenvolvem milhões de homens no mundo, converte-se em tarefa divina, em trabalho redentor, em caminho de salvação»[1].

A consciência de que o cristão, pelo Batismo, é filho de Deus e partícipe do sacerdócio de Jesus Cristo levava-o a contemplar no trabalho de Jesus o modelo da nossa tarefa profissional. Um modelo vivo que se há de plasmar em nós, não simplesmente um exemplo que se imita. Mais do que trabalhar como Cristo, o cristão está chamado a trabalhar em Cristo, unido vitalmente a Ele.

Portanto, nos interessa contemplar com muita atenção a ocupação do Senhor em Nazaré. Não basta um

---

(1) Josemaria Escrivá, *Entrevistas com Mons. Josemaria Escrivá*, n. 55.

olhar superficial. É preciso considerar a união de sua tarefa diária com a entrega da sua vida na Cruz e com a sua Ressurreição e Ascensão aos Céus, porque só assim poderemos descobrir que seu trabalho – e o nosso, na medida em que estamos unidos a Ele – é redentor e santificador.

Em Nazaré e no Calvário

O homem foi criado para amar a Deus, e o amor se manifesta no cumprimento da sua Vontade, com obediência de filhos. Mas o homem desobedeceu desde o início, e pela desobediência entraram a dor e a morte no mundo. O Filho de Deus assumiu a nossa natureza para reparar pelo pecado, obedecendo perfeitamente à Vontade divina com sua vontade humana. *Pois como pela desobediência de um só homem todos foram constituídos pecadores, assim também pela obediência de um só todos serão constituídos justos* (Rm 5, 19).

O Sacrifício do Calvário é a culminação da obediência de Cristo ao Pai: *fez-se obediente até a morte, e morte de cruz* (Fl 2, 8). Ao aceitar livremente a dor e a morte, o que há de mais contrário ao desejo natural da vontade humana, Cristo manifestou de modo supremo que não veio para fazer a Sua vontade, mas sim a Vontade dAquele que O enviou (cf. Jo 6, 38; Lc 22, 42). Mas a entrega do Senhor na sua Paixão e morte de Cruz não é um ato isolado de obediência por Amor. É a expressão suprema de uma obediência plena e absoluta, que esteve presente ao longo de toda a sua vida, com manifestações diversas em cada momento: *Eis que venho para fazer, ó Deus, a tua Vontade!* (Hb 10, 7; Sl 40 8-9).

Aos doze anos, quando Maria e José o encontram entre os doutores no Templo depois de três dias de busca, Jesus lhes responde: *Não sabíeis que é necessário que eu esteja nas coisas de meu Pai* (Lc 2, 49)? O Evangelho não volta a dizer mais nada da sua vida oculta, salvo que obedecia a José e a Maria – *era-lhes submisso* (Lc 2, 51) – e que trabalhava: era *o carpinteiro* (cf. Mc 6, 3; cf. Mt 13, 55).

No entanto, as palavras de Jesus no Templo iluminam os anos de Nazaré. Indicam que, quando obedecia a seus pais e quando trabalhava, estava *nas coisas de seu Pai,* cumpria a vontade divina. E assim como ao ficar no Templo não se recusou a sofrer durante três dias – três, como no Tríduo Pascal –, porque conhecia o sofrimento dos seus pais, que o procuravam aflitos, também não recusou as dificuldades que trazia consigo o cumprimento do dever no trabalho e em toda a vida ordinária.

A obediência de Nazaré não era uma obediência menor, mas a mesma disposição interior que O levou a dar a vida no Calvário. Uma obediência com todas as energias humanas, uma identificação plena com a vontade divina em cada momento. No Calvário, Ele a manifestou derramando todo o seu Sangue; em Nazaré, entregando-o dia a dia, gota a gota, no trabalho de artesão que constrói instrumentos para o cultivo do campo e úteis para as casas.

«Era o *faber, filius Mariae,* o carpinteiro, filho de Maria (Mc 6, 3). E era Deus; e estava realizando a redenção do gênero humano; e estava a *atrair a si todas as coisas* (Jo

12, 32)»[2]. Não é possível entender o valor redentor da vida de Jesus se a separamos da Cruz, se não compreendemos que no trabalho ordinário cumpria perfeitamente a Vontade de Deus Pai, por Amor, com a disposição de consumar a sua obediência no Calvário.

Por isso mesmo, quando chega o momento supremo do Gólgota, o Senhor oferece toda a sua vida, também o trabalho de Nazaré: a Cruz é a última pedra da sua obediência. Como a chave de um arco numa catedral: aquela pedra que não só se apoia nas outras, mas também mantém com seu peso a coesão delas. Assim também o cumprimento da Vontade divina na vida ordinária de Jesus possui toda a força da obediência da Cruz; e, ao mesmo tempo, culmina nesta, sustenta-a, e por meio dela se eleva ao Pai em sacrifício redentor por todos os homens.

Cumprimento do dever

Se alguém quiser vir atrás de Mim, negue-se a si mesmo, tome a sua cruz e siga-me (Lc 9, 23). Seguir a Cristo no trabalho diário é cumprir aí a Vontade divina com a mesma obediência de Cristo: *usque ad mortem*, até a morte (Fl 2, 8). Isso não significa só que o cristão deve estar disposto a morrer antes de pecar. É muito mais. Em cada momento tem de procurar morrer para a própria vontade, entregando o que há de próprio no seu querer para fazer própria a vontade de Deus.

Na sua vontade humana, Jesus tem como algo próprio as inclinações boas e retas da nossa natureza, e as

---

(2) Josemaria Escrivá, *É Cristo que passa*, n. 14.

CRUZ E RESSURREIÇÃO NO TRABALHO 109

oferece ao Pai no Horto das Oliveiras quando reza: *não se faça a minha vontade, mas a Tua* (Lc 22, 42). Em nós, no entanto, a vontade própria é também egoísmo, o amor desordenado a nós mesmos. Isso o Senhor não trazia dentro de si, mas tomou sobre os ombros na Cruz, para nos redimir. Da nossa parte, com a graça, podemos oferecer a Deus a luta por amor contra o egoísmo que, sim, se aninha nos nossos corações. Para nos identificarmos com a Vontade divina, cada um tem que chegar a dizer, como São Paulo: *estou crucificado com Cristo* (Gl 2, 19). «É preciso dar-se de todo, é preciso negar-se de todo: o sacrifício tem que ser holocausto»[3]. Não se trata de prescindir de ideias e projetos nobres, mas de ordená-los sempre ao cumprimento da Vontade de Deus. Ele quer que façamos render os talentos que nos concedeu. A obediência e o sacrifício da própria vontade no trabalho consistem em realizá-lo para a glória de Deus e para o serviço dos outros, não por vanglória e interesse próprio.

E como Deus quer que usemos os nossos talentos? O que temos de fazer para cumprir a sua Vontade no nosso trabalho? Podemos responder à pergunta de maneira breve, desde que entendamos bem tudo o que a resposta implica: Deus quer que cumpramos nosso dever. «Queres de verdade ser santo? – Cumpre o pequeno dever de cada momento: faze o que deves e está no que fazes»[4].

A Vontade de Deus se manifesta nos deveres da vida ordinária. Por sua natureza, o cumprimento do dever exige submeter a própria vontade ao que se deve fazer, e isso

---

(3) Josemaria Escrivá, *Caminho*, n. 186.
(4) *Idem*, n. 815.

é constitutivo da obediência de um filho de Deus. É não tomar como norma suprema de conduta o próprio gosto, ou as inclinações, ou o que agrada, mas sim o que Deus quer: que cumpramos nossos deveres.

Quais? O próprio trabalho é um dever assinalado por Deus desde o princípio, e por isso devemos começar lutando contra a preguiça. Depois, esse dever geral se concretiza para cada um na profissão que realiza – de acordo com a sua vocação profissional, que faz parte da vocação divina[5]–, com obrigações específicas. Entre elas, as exigências gerais de moral profissional, fundamentais na vida cristã, e outras que derivam das circunstâncias de cada um.

O cumprimento desses deveres é a Vontade de Deus, porque Ele cria o homem para que este, trabalhando, aperfeiçoe a criação[6], e isso supõe, no caso dos fiéis correntes, realizar as atividades temporais com perfeição, de acordo com as suas leis próprias, e para o bem das pessoas, da família e da sociedade: bem que se descobre com a razão e, de modo mais seguro e pleno, com a razão iluminada pela fé viva, *a fé que opera pela caridade* (Mc 6, 3). Portar-se assim, realizando a Vontade de Deus, é ter boa vontade. Em algumas ocasiões isso pode exigir heroísmo, e certamente se requer em todo o caso o heroísmo no cuidado das coisas pequenas de cada dia. Um heroísmo que Deus bendiz com a paz e a alegria do coração: *paz na terra aos homens de boa vontade* (Lc 2, 14); *os mandamentos do Senhor alegram o coração* (Sl 19 [18], 9).

O ideal cristão de cumprimento do dever não é o da pessoa cumpridora que desempenha estritamente suas

---

(5) Cf. Josemaria Escrivá, *Entrevistas com Mons. Josemaria Escrivá*, n. 60.

(6) Cf. *Catecismo da Igreja Católica*, n. 302.

obrigações de justiça. Um filho de Deus tem um conceito muito mais amplo e profundo do dever. Considera que o próprio amor é o primeiro dever, o primeiro mandamento da Vontade divina. Por isso, procura cumprir por amor e com amor os deveres profissionais de justiça; mais ainda, excede-se nesses deveres, sem considerar, não obstante, que está exagerando no dever, porque Jesus Cristo entregou sua vida por nós. Por ser este amor – a caridade dos filhos de Deus – a essência da santidade, compreende-se que São Josemaria ensine que ser santo se resume a cumprir o dever de cada momento.

O valor do esforço e da fadiga

«O trabalho em si não é uma pena, nem uma maldição ou um castigo: aqueles que falam assim não leram bem a Sagrada Escritura»[7]. Deus criou o homem para que lavrasse e cuidasse da terra[8], e somente depois do pecado lhe disse: *com o suor do teu rosto comerás o pão* (Gn 3, 19). A pena do pecado é a fadiga que acompanha o trabalho, não o trabalho em si mesmo, e a Sabedoria divina converteu essa pena em instrumento de redenção. Assumi-la é, para nós, parte integrante da obediência à Vontade de Deus. Obediência redentora, no cumprimento diário do dever.

Com mentalidade plenamente laical, exercitais esse espírito sacerdotal, ao oferecer a Deus o trabalho, o descanso, a alegria e as contrariedades da jor-

---

(7) Josemaria Escrivá, *É Cristo que passa*, n. 47.

(8) Cf. Gn 2, 15.

nada, o holocausto de vossos corpos rendidos pelo esforço do serviço constante. Tudo isso é hóstia viva, santa, agradável a Deus: este é o vosso culto racional (Rm 12, 1)[9].

Um cristão não evita o sacrifício no trabalho, não se irrita perante o esforço, não deixa de cumprir seu dever por desânimo ou para não se cansar. Vê a cruz de Cristo nas dificuldades, e ela dá sentido redentor à sua tarefa, a cruz que «está pedindo uns ombros que carreguem com ela»[10]. Por isso o fundador do Opus Dei dá um conselho de comprovada eficácia:

> Antes de começares a trabalhar, põe sobre a tua mesa, ou junto aos utensílios do teu trabalho, um crucifixo. De quando em quando, lança-lhe um olhar... Quando chegar a fadiga, hão de fugir-te os olhos para Jesus, e acharás nova força para prosseguires no teu empenho[11].

Um filho de Deus também não se deixa abater por conta dos fracassos, nem deposita toda a sua esperança e complacência nos triunfos humanos. O valor redentor do seu trabalho não depende das vitórias terrenas, mas sim do cumprimento amoroso da Vontade de Deus. Não se esquece de que Jesus cumpre em Nazaré a Vontade divina trabalhando ativamente, mas que é na Cruz que consuma sua obediência, padecendo. O ápice do *não se faça a minha vontade, mas a Tua* (Lc 22, 42)

---

(9) São Josemaria Escrivá, *Carta*, 6.5.1945, n. 27.

(10) Josemaria Escrivá, *Caminho*, n. 277.

(11) Josemaria Escrivá, *Via Sacra*, 5ª edição, Quadrante, São Paulo, 2003, XI estação, ponto 5.

não consiste em realizar tal ou qual projeto humano, mas sim em padecer até a morte, com um abandono absoluto em seu Pai Deus (cf. Lc 23, 46; Mt 27, 46). Por isso temos de compreender que, mais do que com aquilo que *fazemos* – ou seja, com nossos trabalhos e iniciativas –, podemos corredimir com Cristo por aquilo que *padecemos* quando Deus permite que o jugo suave e a carga leve da Cruz (cf. Mt 11, 30) em nossa vida se faça mais patente.

São Josemaria nos ensina esta lição de santidade em que transparece a sua própria experiência:

> Mas não esqueçamos que estar com Jesus é, certamente, topar com a sua Cruz. Quando nos abandonamos nas mãos de Deus, é frequente que Ele nos permita saborear a dor, a solidão, as contradições, as calúnias, as difamações, os escárnios, por dentro e por fora: porque quer moldar-nos à sua imagem e semelhança, e tolera também que nos chamem loucos e que nos tomem por néscios.
>
> É a hora de amar a mortificação passiva [...][12].

E nesses tempos de purificação passiva, penosos, fortes, de lágrimas doces e amargas que procuramos esconder, precisaremos meter-nos dentro de cada uma das Feridas Santíssimas: para nos purificarmos, para nos deliciarmos com o Sangue redentor, para nos fortalecermos. Faremos como as pombas que, no dizer da Escritura, se abrigam nas fendas das rochas durante a tempestade (cf. Ct 2, 14). Ocultamo-nos nesse refúgio para achar a intimidade de Cristo: e vemos que o seu

---

(12) Josemaria Escrivá, *Amigos de Deus*, n. 301

modo de conversar é afável e o seu rosto formoso (cf. Ct 2, 14)[13].

A luz da Ressurreição

Depois de escrever que Jesus Cristo se fez *obediente até a morte, e morte de cruz* (Fl 2, 8), São Paulo prossegue: *E por isso Deus o exaltou* (Fl 2, 9). A exaltação do Senhor, a sua Ressurreição e Ascensão ao Céu, *onde está sentado à direita de Deus* (1 Pe 3, 22; cf. Mt 26, 64; Hb 1, 13; 10, 12), são inseparáveis da sua obediência na Cruz e lançam, junto com esta, uma intensa luz sobre o trabalho de Jesus em Nazaré e sobre a nossa tarefa diária.

A vida de Jesus em Nazaré é humana e divina, e não apenas humana: vida do Filho de Deus feito homem. Ainda que só depois da Ressurreição será vida imortal e gloriosa, já na Transfiguração manifestará por um momento uma glória oculta durante os anos na oficina de José. Aquele a quem vemos trabalhar como carpinteiro, cumprindo seu dever com suor e fadiga é o Filho de Deus feito homem, *cheio de graça e de verdade,* que vive na sua Humanidade Santíssima uma vida nova, sobrenatural: a vida segundo o Espírito Santo. Aquele que vemos se submeter às exigências do trabalho e obedecer a quem tem autoridade, na família e na sociedade, para obedecer assim à Vontade divina, é o que vemos ascender aos Céus com poder e majestade, como Rei e Senhor do Universo. A sua Ressurreição e a sua Ascensão aos céus nos permitem contemplar que o trabalho, a obe-

---

(13) *Idem*, n. 302.

diência e as fadigas de Nazaré são um sacrifício custoso, mas nunca obscuro ou triste, mas luminoso e triunfante, como uma nova criação.

Assim como Cristo foi ressuscitado dentre os mortos para a glória do Pai, assim também nós caminhemos numa vida nova (Rm 6, 4). Também nós podemos viver no meio da rua endeusados, pendentes de Jesus o dia todo[14], porque Deus, *ainda que estivéssemos de fato mortos pelo pecado, deu-nos vida em Cristo – é por graça que haveis sido salvos –, e com Ele nos ressuscitou e nos fez sentar nos céus por Cristo Jesus* (Ef 2, 5-6). Deus exaltou a Humanidade Santíssima de Jesus Cristo por sua obediência, para que nós vivamos essa vida nova, guiada pelo Amor de Deus, morrendo ao amor próprio desordenado. *Assim, pois, se haveis ressuscitado com Cristo, buscai as coisas do alto, onde Cristo está sentado à direita de Deus. Saboreai as coisas de cima, não as da terra. Pois haveis morrido, e vossa vida está escondida com Cristo em Deus* (Cl 3, 1-3).

Se no trabalho cumprimos nossos deveres por amor e com amor à Vontade divina, custe o que custar, Deus nos exalta com Cristo. Não só ao final dos tempos: já agora nos concede um penhor da glória pelo dom do Espírito Santo (cf. 2 Cor 1, 22; 5, 5; Ef 1, 14). Graças ao Paráclito, nosso trabalho se converte em algo santo, nós mesmos somos santificados, e o mundo começa a ser renovado.

E, graças à luz que, emanando da Ressurreição do mesmo Cristo, penetra dentro de nós, descobrimos sempre no trabalho um *vislumbre* da vida nova, do *novo bem*, um como que anúncio dos *céus novos e*

---

(14) Cf. Josemaria Escrivá, *É Cristo que passa*, n. 8.

da nova terra (2 Pe 3, 13; At 21, 1), os quais são participados pelo homem e pelo mundo. [...] Patenteia-se nesta cruz, no que nela há de penoso, um bem novo, o qual tem o seu princípio no mesmo trabalho[15].

Com a obediência da cruz e a alegria da Ressurreição – a nova vida sobrenatural –, no cumprimento amoroso da Vontade de Deus no trabalho, há de estar presente o senhorio da Ascensão. Recebemos o mundo por herança, para plasmar em todas as realidades temporais o querer de Deus. *Todas as coisas são vossas, vós sois de Cristo, e Cristo de Deus* (1 Cor 3, 22-23).

Essa é a fibra do amor redentor de um filho de Deus, o tom inconfundível de seu trabalho.

Ocupa-te dos teus deveres profissionais por Amor; leva a cabo todas as coisas por Amor, insisto, e verificarás – precisamente porque amas, ainda que saboreies a amargura da incompreensão, da injustiça, do desagradecimento e até do próprio fracasso humano – as maravilhas que o teu trabalho produz. Frutos saborosos, sementes de eternidade![16]

«Em união com o sacrifício da Missa»

O sacrifício da Cruz, a Ressurreição e a Ascensão do Senhor aos Céus constituem a unidade do Mistério Pascal, passagem da vida temporal à eterna. O trabalho de Cristo em Nazaré é redentor e santificador pela unidade com esse mistério.

---

(15) São João Paulo II, *Laborem exercens*, n. 27.

(16) Josemaria Escrivá, *Amigos de Deus*, n. 68.

CRUZ E RESSURREIÇÃO NO TRABALHO   117

Essa realidade se reflete na vida dos filhos de Deus graças à Santa Missa, que «não só faz presente o mistério da paixão e morte do Salvador, mas também o mistério da ressurreição»[17]. «Este sacrifício é tão decisivo para a salvação do gênero humano que Jesus Cristo o realizou e só voltou ao Pai depois de nos ter deixado o meio para participar dele, como se estivéssemos estado presentes»[18].

Graças à Missa, podemos fazer que nosso trabalho esteja impregnado de obediência até à morte, pela nova vida da Ressurreição e pelo domínio que temos sobre todas as coisas através de sua Ascensão como Senhor dos Céus e da terra. Não somente oferecemos nosso trabalho na Missa, como também podemos converter o nosso trabalho em Missa.

Todas as obras dos homens se fazem como em um altar, e cada um de vós, nessa união de almas contemplativas que é vossa jornada, diz de algum modo a sua missa, que dura vinte e quatro horas, na espera da missa seguinte, que durará outras vinte e quatro horas, e assim até o fim de nossa vida[19].

Assim somos em nosso trabalho «outros Cristos, o próprio Cristo»[20].

---

(17) São João Paulo II, *Ecclesia de Eucharistia*, 17.4.2003, n. 14.

(18) *Idem*, n. 11.

(19) *Notas de uma meditação*, 19.3.1968, citado em Mons. Javier Echevarría, *Carta Pastoral*, 1.11.2009.

(20) Josemaria Escrivá, *É Cristo que passa*, n. 106.

SANTIFICAR COM O TRABALHO

O espírito que Deus fez com que São Josemaria Escrivá visse em 1928 traz consigo, para a história da Igreja e da humanidade, uma lição nova e antiga como o Evangelho, com toda sua força transformadora dos homens e do mundo.

A santificação do trabalho profissional é uma semente viva, capaz de dar fruto de santidade numa imensa multidão de almas: «Para a grande maioria dos homens, ser santo significa santificar o seu trabalho, santificar-se no trabalho e santificar os outros com o trabalho»[1]. «Nessa frase gráfica» – afirmou Mons. Javier Echevarría na homilia de 7 de outubro de 2002, dia seguinte à canonização de São Josemaria – «o Fundador do Opus Dei resumia o núcleo da mensagem que Deus lhe havia confiado, para recordá-la aos cristãos»[2].

---

(1) Josemaria Escrivá, *Entrevistas com Mons. Josemaria Escrivá*, n. 55. Cf. Josemaria Escrivá, *É Cristo que passa*, ns. 45 e 122.

(2) Mons. Javier Echevarría, Homilia na Missa de ação de graças pela canonização de São Josemaria, 7.10.2002.

O semeador divino semeou esta semente nas vidas de milhares de pessoas para que cresça e se multiplique o seu fruto: *trinta por um, sessenta por um e cem por um* (Mc 4, 20). Repassar com calma cada um dos três aspectos pode constituir frequentemente a trama do diálogo com Deus na oração. Estou santificando meu trabalho? Santifico-me com o trabalho? Isso é o mesmo que perguntar: transformo-me em outro Cristo através da minha profissão? Que frutos de apostolado dou com meu trabalho?

Um filho de Deus não deve ter medo de se fazer essas perguntas sobre o sentido último de sua tarefa. Ele antes deve ter medo de não as fazer, porque correria o risco de que a corrente dos seus dias não acabasse por encontrar o canal em direção ao verdadeiro fim, dissipando suas forças em atividades dispersas como fios d'água estéreis.

Em unidade vital

Esses três aspectos em que São Josemaria resume o espírito de santificação do trabalho se encontram intrinsecamente unidos, assim como numa espiga de trigo estão unidas a raiz, o caule e o grão, que é seu fruto.

O primeiro aspecto – santificar o trabalho, tornar santa a atividade de trabalhar realizando-a por amor a Deus, com a maior perfeição que cada um possa conseguir, para oferecê-la em união com Cristo –, é o mais básico e como que a raiz dos outros dois.

O segundo – santificar-se no trabalho – é, de certo modo, consequência do anterior. Quem procurar santificar o trabalho necessariamente se santifica, isto é, permite que o Espírito Santo o santifique, identificando-o cada vez mais com Cristo. No entanto, assim como numa planta não basta regar a raiz, mas também é necessário cuidar do caule para que cresça direito, e às vezes apoiá-lo em algo – uma estaca – para que o vento não o quebre, ou protegê-lo dos animais e das pragas, assim também é preciso colocar muitos meios para se identificar com Cristo no trabalho: oração, sacramentos e meios de formação, com os quais se cultivam as virtudes cristãs. Graças a essas virtudes, a própria raiz também se fortalece, e a santificação do trabalho se torna cada vez mais conatural para nós.

Com o terceiro aspecto – santificar com o trabalho – ocorre algo semelhante. Certamente se pode considerar como uma consequência dos outros dois, pois ao santificar seu trabalho e identificar-se com Cristo, o cristão necessariamente dá fruto – santifica os outros com o seu trabalho – segundo as palavras do Senhor: *Aquele que permanece em mim e eu nele, esse dá muito fruto* (Jo 15, 5). Isso não significa que um cristão possa deixar de preocupar-se com dar frutos, como se estes surgissem da raiz e do caule sem a necessidade de fazer nada.

Na santificação do trabalho, os três aspectos estão vitalmente unidos entre si, de modo que uns influem noutros. Quem não buscasse santificar aos outros com o seu trabalho, preocupando-se só com santificar o que faz, na realidade não santificaria nada. Seria como a figueira estéril que tanto desagradou a Jesus porque, mesmo tendo raízes e folhas, carecia de fruto (cf. Mt 21, 19). De fato:

> Um bom indício da retidão de intenção, com a qual deveis realizar vosso trabalho profissional, é precisamente o modo como aproveitais as relações sociais

ou de amizade, que nascem ao desempenhar a profissão, para aproximar de Deus essas almas[3].

Vamos considerar agora com mais detalhe este último aspecto da santificação do trabalho, que de algum modo dá a conhecer também os outros dois, como os frutos manifestam a planta e a raiz. *Por seus frutos os conhecereis* (Mt 7, 16), diz o Senhor.

«Eu vos escolhi para que vades e deis frutos» (Jo 15, 16)

Quando uma pessoa considera o trabalho profissional exclusivamente com visão humana, é bem possível que pense que a sua profissão é como que o resultado de diversas circunstâncias – capacidades e preferências, obrigações, casualidades etc. – que o levaram a realizar determinada tarefa e não outra. Um cristão tem de olhar as coisas com mais profundidade e altura, com uma visão sobrenatural que o faça descobrir no trabalho a chamada pessoal de Deus à santidade e ao apostolado.

O que parece uma situação fortuita adquire então sentido de missão, e o cristão começa a estar de um modo novo no mesmo trabalho que já realizava[4]. Não já como quem caiu por acaso nesse lugar, mas sim como quem foi posto ali por Cristo. *Eu vos escolhi e vos destinei para que vades e dês fruto, e o vosso fruto permaneça* (Jo 15, 16). O local de traba-

---

(3) São Josemaria Escrivá, *Carta*, 15.10.1948, n. 18, citado por Mons. Javier Echevarría, *Carta Pastoral*, 2.10.2011, n. 34.

(4) Cf. São Tomás de Aquino, *Summa Theologiae*, I, q. 43, a. 1, c.

lho, o ambiente profissional em que cada um se encontra, é seu campo de apostolado, a terra apropriada para semear e cultivar a boa semente de Cristo. A promessa de Jesus não pode falhar: quando se busca a união com Ele no próprio trabalho, sempre há fruto apostólico.

É preciso, no entanto, não se deixar levar pelas aparências. O Senhor adverte também que o Pai celestial poda o que já produz, *para que dê mais fruto* (Jo 15, 2). Faz assim porque quer abençoar ainda mais seus filhos. Poda-os para melhorá-los, ainda que o corte seja doloroso. Muitas vezes, a poda consiste em dificuldades que Ele permite para purificar a alma tirando o que sobra. Em ocasiões, por exemplo, o entusiasmo humano com o próprio trabalho desaparece, e é preciso realizá-lo a contragosto, por um amor sem mais complacência que a de agradar a Deus; noutras vezes é uma dificuldade econômica séria, que Deus permite talvez para que sigamos pondo todos os meios humanos, mas com mais confiança filial nele, como Jesus nos ensina, sem nos deixar dominar pela tristeza e angústia quanto ao futuro. Noutras, por fim, trata-se de um fracasso profissional, desses que podem afundar aqueles que trabalham somente com metas humanas e que, por outro lado, elevam sobre a Cruz os que desejam corredimir com Cristo. Muitas vezes, a poda traz consigo que os frutos se atrasem, mas é garantia de que haverá *mais fruto*.

Em todo caso, seria um erro confundir essa situação com aquela a que também se refere Jesus numa parábola: *Um homem tinha uma figueira plantada em sua vinha e foi buscar nela fruto e não o encontrou. Então, disse ao vinhateiro: eis que há três anos venho buscar frutos nesta figueira sem encontrá-lo. Portanto, corta-a fora; para quê ainda ocupa terreno em vão?* (Lc 13, 6-7). Aqui vemos o caso de quem não dá fruto apostólico em seu trabalho por comodidade e poltronice, por aburguesamento e por pensar só ou principalmente em si mesmo. Então a ausência de fruto não é só aparente. Não existe porque falta generosidade, empenho, sacrifício; em último termo, porque não há boa vontade.

Cristo mesmo nos ensina a distinguir as situações através dos sinais. *Aprendei da figueira esta parábola: quando seus ramos estão já tenros e brotam as folhas, sabeis que está próximo o verão* (Mt 24, 32). Aqueles que o Senhor poda aparentemente não dão frutos, mas estão cheios de vida. Seu amor a Deus tem outros sinais evidentes como a delicadeza no cuidado dos tempos dedicados à oração, a caridade com todos, o empenho perseverante em empregar os meios humanos e sobrenaturais no apostolado...: sinais tão inconfundíveis como os brotos tenros da figueira, mensageiros dos frutos que chegarão a seu tempo. Na realidade, santificam outras almas com a sua tarefa profissional porque «todo o trabalho que for oração, é apostolado»[5]. O trabalho convertido em oração alcança efetivamente de Deus uma chuva de graças que frutifica em muitos corações.

Os outros, por outro lado, nem produzem fruto nem estão a caminho de produzi-lo. Mas ainda estão vivos e podem mudar, se quiserem. Não lhes faltarão os cuidados que Deus lhes envia, escutando as preces de seus amigos, como as do vinhateiro que pedia pela figueira: *Senhor, deixa-a ainda este ano; eu lhe cavarei em redor e lhe deitarei adubo. Talvez depois disto dê frutos. Caso contrário, cortá-la-ás* (Lc 13, 8-9). Sempre é possível sair da situação de esterilidade apostólica mais ou menos voluntária. Sempre

---

(5) Josemaria Escrivá, *É Cristo que passa*, n. 10.

é hora de se converter e de dar muito fruto, com a graça divina. «Que a tua vida não seja uma vida estéril. – Sê útil. – Deixa rasto. – Ilumina com o resplendor da tua fé e do teu amor»[6]. E só então a atividade profissional se enche de sentido, revela todo o atrativo da sua beleza e faz surgir um entusiasmo novo, até então desconhecido. Um entusiasmo como o de São Pedro depois de obedecer o mandato de Jesus – *Mar adentro!* (Lc 5, 4) – e escutar, depois da pesca milagrosa, a promessa de um fruto de outra ordem e importância: *Não temas; desde agora serás pescador de homens* (Lc 5, 10).

Na nossa vida, as duas situações anteriores podem se apresentar, nuns momentos a primeira e noutros a segunda. Externamente talvez coincidam em que não veem os frutos apostólicos do próprio trabalho profissional, mas não é difícil saber se corresponde a uma ou a outra. Basta sermos sinceros na oração e responder com claridade à seguinte pergunta: ponho todos os meios ao meu alcance para santificar os outros com o trabalho, ou não me preocupo com isso e me conformo com pouco, podendo realmente fazer muito mais? Amo os meus colegas de trabalho? Procuro lhes servir? E, sempre, buscar a ajuda exigente na direção espiritual. Esse é o caminho da santidade e da fecundidade apostólica.

Como brasa acesa

Transformar a profissão em meio de apostolado é parte essencial do espírito de santificação do trabalho, e sinal

---

(6) Josemaria Escrivá, *Caminho*, n. 1.

de que efetivamente nos santificamos por ele. Santidade e apostolado são inseparáveis, como o amor de Deus e aos próximos por Deus.

«Tens de comportar-te como uma brasa incandescente, que pega fogo onde quer que esteja. Ou, pelo menos, procura elevar a temperatura espiritual dos que te rodeiam, levando-os a viver uma intensa vida cristã»[7]. O trabalho profissional é o lugar a que naturalmente pertencemos, como as brasas ao braseiro. Aí se devem realizar as palavras de São Josemaria, de modo que as pessoas que nos rodeiam recebam o calor da caridade de Cristo. Trata-se de dar exemplo estando sereno, sorrindo, sabendo escutar e compreendendo, mostrando-se solícito.

Qualquer um ao nosso lado deveria poder perceber o influxo de alguém que eleva o tom do ambiente porque – junto à competência profissional – o nosso espírito de serviço, a nossa lealdade, a amabilidade, a alegria e o empenho por superar os próprios defeitos não passam despercebidos.

Tudo isso faz parte do prestígio profissional que têm de cultivar aqueles que desejam atrair os outros a Cristo. O prestígio profissional de um cristão não decorre do simples realizar tecnicamente bem o trabalho. É um prestígio humano, tecido de virtudes informadas pela caridade. Com esse prestígio, «o trabalho profissional – seja qual for – converte-se no candeeiro que ilumina os vossos colegas e amigos»[8]. Sem caridade, por outro lado, não pode haver prestígio profissional cristão, pelo menos não aquele que Deus pede, o «anzol de

---

(7) Josemaria Escrivá, *Forja*, n. 570.

(8) Josemaria Escrivá, *Amigos de Deus*, n. 61.

pescador de homens»[9], instrumento de apostolado. Sem caridade não é possível atrair as almas a Deus, porque *Deus é amor* (1 Jo 3, 8). Vale a pena destacar: um bom profissional, eficaz e competente, se não procura viver não apenas a justiça, mas também a caridade, não terá o prestígio profissional próprio de um filho de Deus.

O prestígio, de todo modo, não é um fim, mas sim um meio: «um meio para aproximar as almas de Deus com a palavra conveniente [...] mediante um apostolado que chamei alguma vez de amizade e confidência»[10]. Conscientes de que, junto com a filiação divina, recebemos pelo Batismo uma participação no sacerdócio de Cristo e, portanto, o triplo ofício de santificar, ensinar e guiar os outros, temos um título que nos permite entrar na vida dos demais, para chegar a essa relação profunda de amizade e confidência com tantos quanto seja possível, no amplo campo abarcado pelas relações profissionais.

Esse campo não se reduz às pessoas que trabalham no mesmo lugar ou que têm uma idade semelhante, mas se estende a todas aquelas com as quais, de um modo ou de outro, pode-se ter contato por ocasião do trabalho. O cristão buscará oportunidades para conviver, para poder falar com cada um em particular, fomentando a convivência: um almoço, um momento de esporte, um passeio. Terá, pois, que dedicar tempo aos outros, ser acessível, sabendo encontrar o momento oportuno.

Temos que dar o que recebemos, ensinar o que aprendemos. Sem arrogância, com simplicidade, te-

---

(9) Josemaria Escrivá, *Caminho*, n. 372.

(10) São Josemaria Escrivá, *Carta*, 24.3.1930, n. 11, citado por Luis Ignacio Seco, *La Herencia de Mons. Escrivá de Balaguer*, Palabra, Madri, 1986.

mos que fazer os outros participarem desse conhecimento do amor de Cristo. Ao realizar o seu trabalho, ao exercer a profissão na sociedade, cada um pode e deve converter as suas ocupações numa tarefa de serviço[11].

Orientar a sociedade

Com o trabalho profissional – cada um com o seu –, os cristãos podem contribuir eficazmente para a orientação da sociedade inteira segundo o espírito de Cristo. Mais ainda: o trabalho santificado é necessariamente santificador da sociedade, «porque, feito assim, esse trabalho humano, por mais humilde e insignificante que pareça, contribui para a ordenação cristã das realidades temporais»[12].

Neste sentido, São Josemaria escreveu em *Forja*:

Esforça-te para que as instituições e as estruturas humanas, em que trabalhas e te moves com pleno direito de cidadão, se ajustem aos princípios que regem uma concepção cristã de vida.

Assim – não tenhas dúvida –, asseguras aos homens os meios necessários para viverem de acordo com a sua dignidade, e dás ensejo a que muitas almas, com a graça de Deus, possam corresponder pessoalmente à vocação cristã[13].

---

(11) Josemaria Escrivá, *É Cristo que passa*, n. 166.

(12) Josemaria Escrivá, *Entrevistas com Mons. Josemaria Escrivá*, n. 10.

(13) Josemaria Escrivá, *Forja*, n. 718.

SANTIFICAR COM O TRABALHO

Pôr em prática seriamente as normas da moral profissional próprias de cada trabalho é uma exigência básica e fundamental nesse labor apostólico. Mas é preciso, além disso, querer difundi-las, fazendo o possível para que outros as conheçam e vivam. Não cabe a desculpa de que é pouco o que uma pessoa só pode fazer num ambiente em que costumes imorais estão arraigados. Assim como esses costumes são consequência do acúmulo de pecados pessoais, só desaparecerão como fruto do empenho por colocar em prática pessoalmente as virtudes cristãs[14]. Muitas vezes, será necessário pedir conselho. Na oração e nos sacramentos o trabalhador encontrará fortaleza, quando precisar, para mostrar com fatos que ama a verdade sobre todas as coisas, à custa, se é necessário, do próprio emprego.

Desde que, no dia 7 de Agosto de 1931, durante a celebração da Santa Missa, ressoaram na sua alma as palavras de Jesus: *Quando eu for levantado da terra, atrairei todos a mim* (Jo 12, 32), Josemaria Escrivá compreendeu mais claramente que a missão dos batizados consiste em elevar a Cruz acima de toda a realidade humana, e sentiu surgir no seu interior a apaixonante vocação a evangelizar todos os ambientes[15].

O ideal de orientar a sociedade com o espírito cristão «não é um sonho irrealizável ou inútil»[16]. São Josemaria – afirmava São João Paulo II no dia da canoni-

---

(14) Cf. São João Paulo II, Exortação apostólica *Reconciliatio et paenitentia*, 2.12.1984, n. 16; Encíclica *Centesimus annus*, 1.5.1991, n. 38.

(15) São João Paulo II, Homilia na canonização de São Josemaria, 6.10.2002.

(16) Josemaria Escrivá, *É Cristo que passa*, n. 183.

zação – «continua a recordar-vos a necessidade de não vos deixar amedrontar por uma cultura materialista, que ameaça dissolver a identidade mais genuína dos discípulos de Cristo. Ele gostava de repetir, com determinação, que a fé cristã se opõe ao conformismo e à inércia interior»[17].

O Senhor alerta para um perigo: diz que chegará um tempo em que *ao abundar a iniquidade, a caridade de muitos se esfriará* (Mt 24, 12). Nós, cristãos, avisados por suas palavras, em vez de nos desanimar pela profusão de mal – também pelas próprias misérias – reagiremos com humildade e confiança em Deus, acudindo à intercessão de Santa Maria. *Sabemos que todas as coisas cooperam para o bem dos que amam a Deus* (Rm 8, 28).

---

(17) São João Paulo II, Homilia na canonização de São Josemaria.

UNIDADE DE VIDA NA PROFISSÃO

«Todo o trabalho honrado pode ser oração; e todo o trabalho que for oração é apostolado»[1].

Trabalho, oração, apostolado: três termos que, para quem se sabe filho de Deus, não chegam a ser âmbitos diversos, porque se vão fundindo na vida como notas de um acorde até compor toda a partitura harmônica.

No início da atividade profissional, é possível escutar unicamente o som isolado do próprio trabalho, monótono e sem graça. Mas ao descobrir como transformá-lo em oração que se eleva ao céu, e em apostolado que fecunda a terra, as notas se combinam e o som começa a adquirir ritmo e beleza. Se abandonássemos o esforço de criar e compor, voltaríamos às notas soltas, aos sons sem melodia. Por outro lado, tão logo permitimos que o Espírito Santo governe nossa vida profissional e dirija a orques-

---

(1) Josemaria Escrivá, *É Cristo que passa*, n. 10.

tra, surge outra vez a música, composição estupenda de amor a Deus e aos homens – de oração e apostolado – no trabalho diário. Cada uma das faculdades de nosso ser: vontade, inteligência, afetos... interpreta o seu papel com maestria, e assim alcançamos a unidade de vida simples e forte que agrada a Deus e atrai os homens a Ele.

Na atividade profissional há três aspectos que convém examinar com atenção para alcançar a harmonia da unidade de vida: a intenção, o critério e a conduta coerente com ambos.

Retidão de intenção

A unidade de vida no trabalho profissional depende, em primeiro lugar, da retidão de intenção: da decisão clara e firme de trabalhar por amor a Deus, não por ambição ou outra forma de egoísmo; de frente para Deus e buscando a sua glória, não de frente para os homens e buscando a própria glória, a satisfação pessoal ou a admiração dos demais.

Ninguém pode servir a dois senhores (Mt 6, 24). Não podemos admitir negociatas, não podem conviver no coração «uma vela acesa a São Miguel e outra ao diabo»[2]. A intenção deve ser transparente. No entanto, é possível experimentar que, ainda que se queira viver para a glória de Deus, a retidão da vontade facilmente se torce nas ações concretas, em que junto a motivos santos se podem encontrar muitas vezes aspirações menos claras[3]. Por isso,

---

(2) Josemaria Escrivá, *Caminho*, n. 724.
(3) Cf. *Idem*, n. 788.

UNIDADE DE VIDA NA PROFISSÃO

São Josemaria aconselha a purificar a vontade, retificando constantemente a intenção. «Retificar. – Cada dia um pouco. – Eis o teu trabalho constante, se de verdade queres tornar-te santo»[4].

Quem trabalha com intenção reta procura realizar bem a sua tarefa sempre. Não trabalha de um modo quando os demais o veem e de outro quando ninguém o vê. Sabe que Deus o olha sempre e, por isso, trata de cumprir o seu dever com perfeição, como agrada a Ele. Cuida de detalhes de ordem, de laboriosidade, de espírito de pobreza..., mesmo que ninguém o advirta ou quando está sem vontade. Nos dias cinzas de trabalho corrente, quando a monotonia ameaça, um filho de Deus se esforça para pôr as últimas pedras, por amor, e assim o seu trabalho se converte em oração.

Os momentos de êxito ou de fracasso põem à prova a qualidade da nossa intenção perante a tentação do envaidecimento ou do desânimo. São Josemaria nos ensina a preparar-nos para essas circunstâncias, que poderiam fazer com que nos fechássemos em nós mesmos e torcêssemos o querer da vontade: «Tens de permanecer vigilante, para que teus êxitos profissionais ou os teus fracassos – que virão! – não te façam esquecer, nem sequer momentaneamente, qual é o verdadeiro fim do teu trabalho: a glória de Deus!»[5]

Para fortalecer a retidão de intenção, verdadeiro pilar da unidade de vida, é necessário buscar a presença de Deus no trabalho – oferecê-lo ao começar, renovar o oferecimento quando possível, dar graças ao terminar... – e

---

(4) *Idem*, n. 290.

(5) Josemaria Escrivá, *Forja*, n. 704.

procurar que as práticas de piedade – sobretudo a Santa Missa, se nos é possível – dilatem-se ao longo do dia numa relação contínua com o Senhor. Esquecer-se de Deus na profissão não indica simplesmente um caráter distraído, mas pouca unidade de vida: quem ama de verdade não se esquece do amado.

Critério reto

A retidão de intenção é essencial para a unidade de vida, mas é preciso que não nos esqueçamos de que a vontade precisa ser guiada pela razão iluminada pela fé. Há pessoas que não conseguem levar uma conduta coerentemente cristã não por má vontade inicial, mas por falta de critério. Quando não põem os meios necessários para formar bem a consciência e adquirir um conhecimento profundo das implicações morais de cada profissão, correm o risco de aceitar como norma o que é apenas comum. É possível então que cometam, de boa vontade, graves desvarios e injustiças; e, por não saber julgar com prudência, deixem de fazer o bem a quem se deve fazer. A falta de critério impede essas pessoas de alcançar a unidade de vida.

Um homem de critério apega-se ao que é bom, sem cair nos extremos nem compactuar com o medíocre. Às vezes, a falta de critério leva a pensar que a alternativa a um defeito é o defeito oposto: que para não ser rígido é necessário ser débil, ou para não ser agressivo é necessário ser bonachão... Na prática, quem age assim não entendeu bem a natureza das virtudes. O ponto médio em que consiste a virtude – *in medio virtus* – não é ficar pela metade, sem aspirar ao superior, mas sim alcançar o cume entre dois defeitos[6]. É possível ser enérgico e manso ao mesmo tempo, compreensivo e exigente com os deveres, veraz e discreto, alegre sem ser ingênuo. *Sede prudentes como as serpentes e simples como as pombas* (Mt 10, 16).

O critério necessário para a unidade de vida é um critério cristão, não simplesmente humano, pois sua regra não é unicamente a razão, mas sim a razão iluminada pela fé viva, a fé informada pela caridade. Somente então as virtudes humanas são virtudes cristãs. Um filho de Deus não tem de cultivar duas classes de virtudes, umas humanas e outras cristãs, umas sem a caridade e outras com ela; isso seria uma dupla vida. No seu trabalho, não deve se conformar com praticar numas coisas uma justiça meramente humana – limitando-se, por exemplo, ao estrito cumprimento da lei – e em outras uma justiça cristã, com a alma da caridade, mas sim, sempre e em tudo, esta última, a justiça de Cristo.

Considerai especialmente os conselhos e as advertências com que Ele preparava aquele punhado de homens para serem seus Apóstolos, seus mensageiros, de um ao outro extremo da terra. Qual é a pauta principal que lhes marca? Não é o preceito novo da caridade? Foi pelo amor que eles abriram caminho naquele mundo pagão e corrompido. [...] Quando se faz justiça a seco, não vos admireis de que a gente se sinta magoada: pede muito mais a dignidade do homem, que é filho de Deus. A caridade tem que ir dentro e ao lado, porque tudo dulcifica, tudo deifica: *Deus é amor* (1 Jo 4, 16). [...]

---

(6) Josemaria Escrivá, *Amigos de Deus*, n. 83.

A caridade – que é como um generoso exorbitar-se da justiça – exige primeiro o cumprimento do dever. Começa-se pelo que é justo, continua-se pelo que é mais equitativo... Mas, para amar, requer-se muita finura, muita delicadeza, muito respeito, muita afabilidade; numa palavra, é preciso seguir o conselho do Apóstolo: *Levai uns as cargas dos outros, e assim cumprireis a lei de Cristo* (Gl 6, 2). [...] Isto requer a inteireza de submeter a vontade própria ao modelo divino, de trabalhar por todos, de lutar pela felicidade eterna e pelo bem-estar dos outros. Não conheço melhor caminho para sermos justos que o de uma vida de entrega e de serviço[7].

Isso é ter critério cristão, luz imprescindível para a unidade de vida. Adquirir esse critério exige dedicar tempo à formação, e em particular ao estudo da doutrina. Seria temerário fiar-se da intuição e não pôr os meios para formar a cabeça. Mas, além disso, o estudo teórico por si só também não basta. A unidade de vida cristã requer uma doutrina assimilada na oração.

Valentia

Além de querer e de saber, a unidade de vida implica agir, pois «obras é que são amores, não as boas razões»[8]. *Que vejam as vossas boas obras e glorifiquem o vosso pai, que está nos céus* (Mt 5, 16), diz o Senhor. Con-

---

(7) Josemaria Escrivá, *Amigos de Deus*, ns. 172-173.
(8) Josemaria Escrivá, *Caminho*, n. 933.

vém examinar-se com franqueza, como aconselha São Josemaria: «Propaga-se à tua volta a vida cristã? Pensa nisto diariamente»[9].

Quando há unidade de vida, é lógico que esta seja notada, com naturalidade, ao nosso redor. Quem ocultasse a sua condição de cristão por medo de ser tachado, ou por timidez ou vergonha, quebraria a unidade de vida, não poderia ser sal e luz, suas obras seriam estéreis do ponto de vista da vida sobrenatural. O Senhor nos diz a cada um: *Dabo te in lucem gentium, ut sis salus mea usque ad extremum terrae* (Is 49, 6), *Colocar-te-ei como luz das gentes, para que minha salvação alcance até os confins do mundo.*

Temos de ter «a coragem de viver pública e constantemente de acordo com a nossa santa fé»[10], escreve São Josemaria, fazendo eco à advertência do Senhor: *Se alguém se envergonhar de mim e das minhas palavras, também o Filho do Homem se envergonhará dele, quando vier na sua glória* (Lc 9, 26). Jesus nos incentiva também com uma promessa maravilhosa: *Portanto, quem der testemunho de mim diante dos homens, também eu darei testemunho dele diante de meu Pai que está nos céus* (Mt 10, 32). Não cabem ambiguidades. Não devemos ter medo de anunciar Deus por palavras – porque o próprio Cristo nos mandou ir e ensinar o Evangelho a todas as gentes (cf. Mc 16, 15) – e pelo exemplo de uma fé que age pela caridade (cf. Gl 5, 20).

É natural que as outras pessoas no ambiente em que o cristão se move conheçam a sua fé viva e operante. Ela

---

(9) Josemaria Escrivá, *Forja*, n. 856.

(10) Josemaria Escrivá, *Sulco*, n. 46.

será reconhecida facilmente até, por contrastar com o materialismo e o hedonismo que predominam na sociedade. Se passasse muito tempo despercebida, não seria por naturalidade, mas por duplicidade. Isso é o que acontece tristemente com aqueles que relegam a sua fé à vida «privada». Essa atitude, quando não é simples covardia, corresponde à ideia de que a fé não deve influir na conduta profissional, reflete uma mentalidade não laical, mas sim laicista, que pretende tirar Deus da vida social e, muitas vezes, prescindir também da lei moral. É justamente o oposto do ideal de pôr Cristo no ápice de todas as atividades humanas. É a isso que estamos chamados os cristãos, e é bom que muitos ao nosso redor saibam. Mais ainda: certamente o apostolado do cristão que vive no meio do mundo deve ser «de amizade e de confidência» com os colegas de profissão, mas isso não exclui que às vezes seja conveniente ou necessário – exigência da unidade de vida – falar em público e explicar as razões de uma conduta moral, humana e cristã. As dificuldades podem ser muitas, mas a fé assiste o cristão e lhe dá a fortaleza necessária para defender a verdade e ajudar todos a descobri-la.

Na prática, no entanto, a experiência nos diz que, ainda que repelindo os extremos, é fácil se deixar influir por essa mentalidade laicista e se convencer, por exemplo, de que num determinado ambiente profissional não é oportuno em nenhum caso falar de Deus, porque seria chocante ou estaria fora de lugar, ou porque outros infeririam que as posturas de um cristão em questões profissionais são condicionadas pela religião. Apresenta-se então a tentação de colocar a própria fé entre parênteses, precisamente quando deveria se manifestar.

Aconfessionalismo. – Neutralidade. – Velhos mitos que tentam sempre remoçar.

Tens-te dado ao trabalho de meditar no absurdo que é deixar de ser católico ao entrar na Universidade, ou na Associação profissional, ou na sábia Academia, ou no Parlamento, como quem deixa o chapéu à porta?[11]

São Josemaria não nos convida a fazer alarde, nem muito menos a utilizar um rótulo de católico, atitudes que não combinam com a mentalidade laical. O que nos pede é que nos demos ao trabalho de meditar, cada um nas suas circunstâncias, sobre as exigências externas e visíveis da unidade de vida na própria profissão e ação social.

Tendes de ter a valentia, que em algumas ocasiões não será pouca, dadas as circunstâncias do tempo, de tornar presente – tangível, direi melhor – a vossa fé: que vejam as vossas boas obras e o motivo de vossas obras, ainda quando venham às vezes a crítica e a contradição de uns e de outros[12].

A unidade de vida é um dom de Deus e, ao mesmo tempo, uma conquista que exige luta pessoal. O trabalho profissional é terreno no qual se forja essa unidade, através de decisões concretas que levem a agir em tudo de frente para Deus e com afã apostólico. Com a graça de Deus temos de querer e chegar a amá-lO totalmente: *ex toto corde, ex tota anima, ex tota mente, ex tota virtute, com todo o coração, com toda a alma, com toda a mente, com todas as forças* (Mc 12, 30).

---

(11) Josemaria Escrivá, *Caminho*, n. 353.

(12) São Josemaria Escrivá, *Instrução*, 8.12.1941, n. 13.

SANTIFICAÇÃO DO TRABALHO E CRISTIANIZAÇÃO DA SOCIEDADE

As luzes e sombras da época em que vivemos estão presentes aos olhos de todos. O desenvolvimento humano e as pragas que o infectam; o progresso civil em muitos aspectos e a barbárie noutros... São contrastes que tanto João Paulo II como seus sucessores têm assinalado repetidas vezes[1], animando os cristãos a iluminar a sociedade com a luz do Evangelho.

Todavia, ainda que todos estejamos chamados a transformar a sociedade segundo o querer de Deus, muitos não sabem como fazê-lo. Pensam que essa tarefa depende quase exclusivamente daqueles que governam ou têm capacidade de influir através de sua posição social ou econômica e que eles, cristãos comuns, só podem agir como

---

(1) São João Paulo II, Exortação apostólica *Ecclesia in Europa*, 28.6.2003, c. I.

espectadores: aplaudir ou vaiar, mas sem entrar no campo de jogo, sem intervir na partida.

Essa não precisa ser a atitude do cristão, porque não corresponde à realidade de sua vocação.

Quer o Senhor que sejamos nós, os cristãos – porque temos a responsabilidade sobrenatural de cooperar com o poder de Deus, já que Ele assim dispôs na sua misericórdia infinita –, que procuremos restabelecer a ordem quebrantada e devolver às estruturas temporais, em todas as nações, sua função natural de instrumento para o progresso da humanidade, e sua função sobrenatural de meio para chegar a Deus, à Redenção[2].

Não somos espectadores. Ao contrário, é missão específica dos leigos santificar o mundo «a partir de dentro»[3]: «orientar com sentido cristão as profissões, as instituições e as estruturas humanas»[4]. Como ensina o Concílio Vaticano II, os leigos têm de «iluminar e ordenar de tal modo as realidades temporais, a que estão estreitamente ligados, que elas sejam sempre feitas segundo Cristo e progridam e glorifiquem o Criador e Redentor»[5]. Ou seja: «cristianizar o mundo inteiro a partir de dentro, mostrando que Jesus Cristo redimiu toda a humanidade – essa é a missão do cristão»[6].

E para isso nós, cristãos, temos o poder necessário, ainda que não seja o poder humano. Nossa força é a oração e

---

(2) São Josemaria Escrivá, *Carta*, 30.4.1946, n. 19.
(3) Concílio Vaticano II, Constituição dogmática *Lumen gentium*, n. 31.
(4) São Josemaria Escrivá, *Carta*, 9.1.1959, n. 17.
(5) Concílio Vaticano II, Constituição dogmática *Lumen gentium*, n. 31.
(6) Josemaria Escrivá, *Entrevistas com Mons. Josemaria Escrivá*, n. 112.

as obras convertidas em oração. «A oração é a arma mais poderosa do cristão. A oração faz-nos eficazes. A oração faz-nos felizes. A oração dá-nos toda a força necessária para cumprirmos os preceitos de Deus»[7]. Concretamente, a arma específica da maioria dos cristãos para transformar a sociedade é o trabalho convertido em oração. Não simplesmente o trabalho, mas sim o trabalho santificado.

Deus fez São Josemaria compreender isso num momento preciso: no 7 de agosto de 1931, durante a Santa Missa. Ao chegar à elevação, trouxe à sua alma com força extraordinária as palavras de Jesus: *E quando eu for levantado da terra, atrairei todos os homens a mim* (Jo 12, 32).

Entendi-o perfeitamente. O Senhor nos dizia: se vós me colocais na entranha de todas as atividades da terra, cumprindo o dever de cada momento, sendo meu testemunho no que parece grande e no que parece pequeno..., então *omnia traham ad meipsum!* Meu reino entre vós será uma realidade![8]

Cristianizar a sociedade

Deus confiou ao homem a tarefa de edificar a sociedade ao serviço do seu bem temporal e eterno, de acordo com sua dignidade[9]: uma sociedade em que as leis, os costumes e as instituições que a conformam e estruturam favoreçam o bem integral das pessoas com todas as suas exigências; uma sociedade em que cada um se aperfeiçoe buscando o

---

(7) Josemaria Escrivá, *Forja*, 439.

(8) São Josemaria Escrivá, *Notas de uma meditação*, 27.10.1963.

(9) Cf. *Catecismo da Igreja Católica*, ns. 353, 1929, 1930.

bem dos outros, já que o homem «não se pode encontrar plenamente a não ser no sincero dom de si mesmo»[10].

No entanto, tudo foi transtornado por conta do pecado do primeiro homem e da sucessiva proliferação dos pecados que – como ensina o Catecismo da Igreja – fazem «reinar entre eles [os homens] a concupiscência, a violência e a injustiça. Os pecados provocam situações sociais e instituições contrárias à Bondade divina; as "estruturas de pecado" são expressão e efeito dos pecados pessoais»[11].

O Filho de Deus feito homem, Jesus Cristo Nosso Senhor, veio ao mundo para nos redimir do pecado e das suas consequências. Cristianizar a sociedade não é outra coisa que livrá-la dessas sequelas que o Catecismo resume com as palavras que acabamos de ler. É, de um lado, livrá-la das estruturas de pecado – por exemplo, das leis injustas e dos costumes contrários à moral – e de outro, mais profundamente, buscar que as relações humanas sejam presididas pelo amor de Cristo, e não viciadas pelo egoísmo da concupiscência, violência e injustiça.

Esta é a tua tarefa de cidadão cristão: contribuir para que o amor e a liberdade de Cristo presidam a todas as manifestações da vida moderna – a cultura e a economia, o trabalho e o descanso, a vida de família e o convívio social[12].

Cristianizar a sociedade não é impor à força a fé verdadeira. O espírito cristão reclama precisamente o respeito

---

(10) Concílio Vaticano II, Constituição pastoral *Gaudium et spes*, n. 24.

(11) *Catecismo da Igreja Católica*, n. 1869.

(12) Josemaria Escrivá, *Sulco*, n. 302.

do direito à liberdade social e civil em matéria religiosa, de modo que não se deve impedir a ninguém que pratique a sua religião, segundo a sua consciência, ainda quando esteja em erro, sempre que respeite as exigências da ordem, da paz e da moralidade públicas, que o Estado tem a obrigação de tutelar[13]. É necessário ajudar aos que estão no erro a conhecer a verdade, que só se encontra plenamente na fé católica, ensinando-os com o exemplo e com a palavra, nunca com coação. O ato de fé somente pode ser autêntico se for livre.

Mas quando um cristão procura fazer com que a lei civil promova o respeito pela vida humana desde a concepção, a estabilidade da família por meio do reconhecimento da indissolubilidade do matrimônio, os direitos dos pais na educação dos filhos nas escolas públicas e também nas particulares, a verdade na informação, a moralidade pública, a justiça nas relações laborais etc., não pretende impor sua fé aos outros, mas sim cumprir seu dever de cidadão e contribuir, tanto quanto possa, na edificação de uma sociedade conforme à dignidade da pessoa humana. Certamente, o cristão, graças à Revelação divina, possui uma especial certeza sobre a importância que esses princípios e verdades possuem na construção de uma sociedade mais justa; mas seu conhecimento está ao alcance da razão humana e qualquer pessoa, independentemente de sua atitude religiosa, pode descobri-los e partilhá-los.

Esforça-te para que as instituições e as estruturas humanas, em que trabalhas e te moves com pleno di-

---

(13) Cf. Concílio Vaticano II, Decreto *Dignitatis humanae*, 7.12.1965, ns. 1, 2 e 7.

reito de cidadão, se ajustem aos princípios que regem uma concepção cristã da vida.

Assim – não tenhas dúvida –, asseguras aos homens os meios necessários para viverem de acordo com a sua dignidade, e dás ensejo a que muitas almas, com a graça de Deus, possam corresponder pessoalmente à vocação cristã[14].

«Devem os leigos sanear as estruturas e condições do mundo [...] de tal modo [...] que antes ajudem o exercício das virtudes do que o estorvem»[15]. A fé cristã faz sentir profundamente a aspiração, própria de todo cidadão, de buscar o bem comum da sociedade. Um bem comum que não se reduz ao desenvolvimento econômico, ainda que certamente o inclua. Inclui também, e antes – em sentido qualitativo, não sempre de urgência temporal –, as melhores condições possíveis de liberdade, de justiça, de vida moral – em todos os seus aspectos –, e de paz, que correspondem à dignidade da pessoa humana.

Quando um cristão faz o possível para configurar desse modo a sociedade, mobiliza a virtude da sua fé, não em nome de uma ideologia opinável, de partido político.

Age como «agiram os primeiros cristãos. Não tinham, por razão de sua vocação sobrenatural, programas sociais nem humanos que cumprir; mas estavam penetrados dum espírito, duma concepção de vida e do mundo, que não podia deixar de ter consequências na sociedade em que se moviam»[16].

---

(14) Josemaria Escrivá, *Forja*, n. 718.

(15) Concílio Vaticano II, Constituição dogmática *Lumen gentium*, n. 36.

(16) São Josemaria Escrivá, *Carta*, 9.1.1959, n. 22.

A tarefa apostólica, que Cristo confiou a todos os seus discípulos, produz, portanto, resultados concretos na esfera social. Não é admissível pensar que, para sermos cristãos, seja preciso voltarmos as costas ao mundo, sermos uns derrotistas da natureza humana[17].

É necessário buscar sanear as estruturas da sociedade para empapá-las de espírito cristão, mas isso não basta. Ainda que pareça uma meta alta, não é mais que uma exigência básica. É preciso muito mais: procurar sobretudo que as pessoas sejam cristãs, que cada um irradie ao seu redor, na conduta diária, a luz e o amor de Cristo, o bom odor de Jesus Cristo (cf. 2 Cor 2, 15). A finalidade não são estruturas sãs, mas sim pessoas santas. Seria errado não cuidar de que as leis e os costumes da sociedade sejam conformes ao espírito cristão, mas seria tão errado quanto contentar-se apenas com isso. Mesmo porque, assim que se perdesse de vista as pessoas, as próprias estruturas sãs periclitariam perder-se. Sempre é necessário recomeçar. «Não há humanidade nova, se antes não há homens novos, com a novidade do batismo e da vida do Evangelho»[18].

Por meio do trabalho

«De que tu e eu nos portemos como Deus quer – não o esqueças – dependem muitas coisas grandes»[19]. Se que-

---

(17) Josemaria Escrivá, *É Cristo que passa*, n. 125.

(18) Bem-aventurado Paulo VI, Exortação apostólica *Evangelii nuntiandi*, 8.12.1975, n. 18.

(19) Josemaria Escrivá, *Caminho*, n. 755.

remos cristianizar a sociedade, o primeiro dever é a santidade pessoal, nossa união com Deus.

Temos que ser, cada um de nós, *alter Christus, ipse Christus*: outro Cristo, o próprio Cristo. Só assim poderemos empreender essa tarefa grande, imensa, interminável: santificar por dentro todas as estruturas temporais, levando até elas o fermento da Redenção[20].

É necessário que não percamos o sal, a luz e o fogo que Deus pôs dentro de nós para transformar o ambiente que nos rodeia. São João Paulo II assinalou que «é uma tarefa que exige coragem e paciência»[21]: coragem porque não podemos ter medo de chocar com o ambiente quando for necessário; e paciência, porque mudar a sociedade a partir de dentro requer tempo, e enquanto isso não se completa não devemos nos acostumar à presença do mal cristalizado na sociedade, porque acostumar-se com uma doença mortal é o mesmo que sucumbir.

O cristão deve estar sempre disposto a santificar a sociedade *a partir de dentro*, permanecendo plenamente no mundo, mas sem ser do mundo naquilo que o mundo encerra – não por ser característica real, mas por deficiência voluntária, pelo pecado – de negação de Deus, de oposição à sua amável vontade salvífica[22].

Deus quer que infundamos o espírito cristão na sociedade através da santificação do trabalho profissional,

---

(20) Josemaria Escrivá, *É Cristo que passa*, n. 183.

(21) São João Paulo II, Encíclica *Centesimus annus*, n. 38.

(22) Josemaria Escrivá, *É Cristo que passa*, n. 125.

CRISTIANIZAÇÃO DA SOCIEDADE 149

já que «pelo trabalho, o cristão submete a criação e a ordena a Cristo Jesus, centro em que todas as coisas estão destinadas a recapitularem-se»[23]. O trabalho profissional é, concretamente, «meio imprescindível para o progresso da sociedade e o ordenamento cada vez mais justo das relações entre os homens»[24].

Cada um há de se propor a tarefa de cristianizar a sociedade por meio do seu trabalho: primeiro mediante o desejo de aproximar de Deus os colegas e as pessoas com quem entra em contato profissional, para que também eles cheguem a santificar seu trabalho e a dar tom cristão à sociedade; depois, e inseparavelmente, mediante o empenho por cristianizar as estruturas do próprio ambiente profissional. Quem se dedica à empresa, à farmácia, à advocacia, à informação ou à publicidade... pode influir cristãmente no seu ambiente: nas relações das instituições profissionais e laborais. Não é suficiente não se manchar com práticas imorais: é preciso se propor a limpar o próprio âmbito profissional, torná-lo conforme à dignidade humana e cristã.

Para tudo isso:

Devemos receber uma formação tal que suscite em nossas almas, na hora de enfrentar o trabalho profissional de cada um, o instinto e a sã inquietude de conformar essa tarefa às exigências da consciência cristã, aos imperativos divinos que devem reger a sociedade e as atividades dos homens[25].

---

(23) São Josemaria Escrivá, *Carta*, de 6.5.1945, n. 14.

(24) Josemaria Escrivá, *Entrevistas com Mons. Josemaria Escrivá*, n. 10.

(25) São Josemaria Escrivá, *Carta*, 6.5.1945, n. 15.

As possibilidades de contribuir para a cristianização da sociedade em virtude do trabalho profissional vão além do que se pode realizar no estrito ambiente de trabalho. A condição de cidadão que exerce uma profissão na sociedade é um título para empreender ou colaborar em iniciativas educativas da juventude – escolas onde se dê formação humana e cristã, tão necessárias e urgentes em nosso tempo –, iniciativas assistenciais, associações para promover o respeito à vida ou à verdade nas informações, ou o direito a um ambiente moral saudável... Tudo realizado com a mentalidade profissional de filhos de Deus chamados a se santificar no meio do mundo.

Que entreguemos plenamente as nossas vidas ao Senhor Deus, trabalhando com perfeição, cada um na sua tarefa profissional e no seu estado, sem esquecer que devemos ter uma só aspiração, em todas as nossas obras: pôr Cristo no cume de todas as atividades dos homens[26].

---

(26) São Josemaria Escrivá, *Carta*, 15.10.1948, n. 41.

PRESTÍGIO PROFISSIONAL

«A vocação cristã é também, por sua própria natureza, vocação ao apostolado»[1]. Como aos primeiros discípulos, Cristo nos chamou para que O sigamos e O levemos a outras almas: *vinde após mim, e eu vos farei pescadores de homens* (Mc 1, 17).

Valendo-se dessa comparação do Senhor, São Josemaria ensina que o prestígio profissional tem uma função nos desígnios de Deus para quem foi chamado a santificar os outros com seu trabalho: é um importante meio de apostolado, «anzol de pescador de homens»[2].

Por isso, chama a atenção dos que se aproximam da formação oferecida pelo Opus Dei para que busquem o prestígio na sua profissão:

Tu também tens uma vocação profissional que te «aguilhoa». – Pois bem, esse «aguilhão» é o anzol para pescar homens.

---

(1) Concílio Vaticano II, Decreto *Apostolicam actuositatem*, n. 2.

(2) Josemaria Escrivá, *Caminho*, n. 372.

Retifica, portanto, a intenção, e não deixes de adquirir todo o prestígio profissional possível, a serviço de Deus e das almas. O Senhor conta também com isso[3].

Prestígio e humildade

Deus criou todas as coisas para manifestar e comunicar a sua glória[4] e, ao fazer do nosso trabalho uma participação no seu poder criador, quis que este refletisse aos demais essa mesma glória. *Brilhe assim a vossa luz diante dos homens, para que vejam vossas boas obras e glorifiquem vosso Pai, que está nos céus* (Mt 5, 16).

A santificação do trabalho profissional exige que o realizemos com perfeição, e que essa perfeição por amor seja luz que atraia para Deus aqueles ao nosso redor.

Não deveríamos buscar a nossa glória, mas sim a glória de Deus, como reza o salmo: *Non nobis, Domine, non nobis, sed nomini tuo da gloriam* (Sl 113, 9), *não a nós, Senhor, não a nós, mas ao teu nome dá glória.* Quantas ocasiões de repetir estas palavras! «*Deo omnis gloria* – para Deus toda a glória. [...] A nossa vanglória seria isso precisamente: glória vã. Seria um roubo sacrílego. O "eu" não deve aparecer em parte alguma»[5].

Em muitas ocasiões será necessário retificar a intenção. Mas um filho de Deus não tem de ser apoucado,

---

(3) Josemaria Escrivá, *Sulco*, n. 491.

(4) Cf. Concílio Vaticano I, Constituição dogmática *Dei Filius*, 24.4.1870, cânon 5.

(5) Josemaria Escrivá, *Caminho*, n. 780.

deixando de buscar o prestígio profissional por temor à vanglória ou por medo de não ser humilde, já que é uma qualidade que serve à missão apostólica própria dos leigos, um talento que se deve fazer render.

O Magistério da Igreja recorda que os leigos se esforçarão por adquirir verdadeira perícia[6] em todos os campos. «Os fiéis leigos deverão executar o seu trabalho com competência profissional, com honestidade humana, espírito cristão, como meio da própria santificação»[7].

São Josemaria convida-nos a considerar que o prestígio profissional não impede a humildade:

> Sendo o trabalho profissional o eixo da nossa santidade, devemos conseguir o prestígio profissional, e cada um no seu posto e condição social se verá rodeado da dignidade e do bom nome que correspondam a seus méritos, ganhados em lide honesta com seus colegas, com seus companheiros de ofício ou profissão.
>
> Nossa humildade não consiste em mostrarmo-nos tímidos, apoucados ou carentes de audácia nesse campo nobre dos afãs humanos. Com espírito sobrenatural, com desejo de serviço – com espírito cristão de serviço – temos de procurar estar entre os primeiros, no grupo de nossos iguais.
>
> Alguns, com mentalidade pouco laical, entendem a humildade como falta de aprumo, como indecisão que impede de agir, como abandono de direitos – às vezes do direito da verdade e da justiça – com a finalidade de não desgostarem a ninguém e de serem consi-

---

(6) Cf. Concílio Vaticano II, Constituição pastoral *Gaudium et spes*, n. 43.

(7) São João Paulo II, Exortação apostólica *Christifideles laici*, 30.12.1988, n. 43.

derados amáveis por todos. Por isso, haverá quem não compreenda a nossa prática da humildade profunda – verdadeira –, e ainda a chamarão de orgulho. Deformou-se muito o conceito cristão dessa virtude, talvez por se tentar aplicar a seu exercício no meio da rua moldes de natureza conventual, que não podem cair bem aos cristãos que hão de viver, por vocação, nas encruzilhadas do mundo[8].

Por amor a Deus e às almas

O prestígio profissional de um cristão não consiste necessariamente no êxito. É certo que o triunfo humano é como uma luz que atrai as pessoas. Mas caso essas pessoas, ao aproximarem-se daquele que triunfa, não encontrem o cristão, o homem de coração humilde e apaixonado por Deus, mas um presunçoso cheio de si, então sucede o que está descrito no ponto de *Caminho*: «De longe, atrais: tens luz. – De perto, repeles: falta-te calor. – Que pena!»[9].

O prestígio que serve para levar almas a Deus é o das virtudes cristãs vivificadas pela caridade: o prestígio da pessoa trabalhadora, competente na sua tarefa, justa, alegre, nobre e leal, honrada, amável, sincera, solícita... Virtudes que podem se dar tanto no êxito quanto no fracasso humano. O prestígio de quem cultiva dia a dia essas qualidades por amor a Deus e aos outros.

São Josemaria escreveu que «o trabalho nasce do amor, manifesta, orienta-se para o amor»[10]. O mesmo podemos

---

(8) São Josemaria Escrivá, *Carta*, 6.5.1945, ns. 30-31.

(9) Josemaria Escrivá, *Caminho*, n. 459.

(10) Josemaria Escrivá, *É Cristo que passa*, n. 48.

dizer do prestígio no trabalho: «nasce do amor», porque este tem de ser o motivo que leva a procurá-lo, não a vaidade ou o egocentrismo; «manifesta o amor», porque o espírito de serviço tem de ser patente num cristão com prestígio profissional; e «se ordena ao amor», porque o prestígio não pode converter-se no fim do trabalho, mas sim em meio para aproximar as almas a Deus, concreta e diariamente.

Um prestígio profissional sem fruto apostólico seria um prestígio estéril, uma luz que não ilumina. O prestígio tem de ser anzol de pescador – e acaso pode se dizer que alguém é pescador se não pesca? Não estamos falando de uma joia para olhar e guardar, como um avaro faz com seus tesouros, mas sim para arriscar no serviço a Deus, sem medo.

Não devemos ignorar os riscos. Os cristãos, tendo prestígio profissional, podem topar com pessoas que, quando se lhes fala de Deus, retraem-se e deixam de apreciá-los como antes. Inclusive, como se sabe, há ambientes – clubes, grupos, sociedades influentes... – que abrem suas portas a profissionais de prestígio, oferecendo vantagens de relações e apoios mútuos, com a condição de que não manifestem a sua fé, aceitando implicitamente uma concepção da vida na qual a religião deve ficar confinada à esfera privada. Pretendem justificar essa atitude como respeito à liberdade, mas na realidade negam que exista a verdade em matéria religiosa, e desse modo perecem juntar nesses locais a verdade e a liberdade, negando o vínculo que ensina o Senhor: *Conhecereis a verdade, e a verdade vos fará livres* (Jo 8, 32). Nesses clubes constitutivamente laicistas, onde é proibido – esta é a palavra que reflete a realidade – falar de Deus e, definitivamente, fazer apostolado, não há como estar presente um cristão, obrigado a deixar sua fé na porta como se deixa um chapéu.

A conclusão não pode ser isolar-se, mas sim empreender um labor apostólico mais audaz, com a força e a alegria dos filhos de Deus que receberam este mundo em herança, para possuí-lo e configurá-lo. Um labor baseado no apostolado pessoal de amizade e confidência, que chegue também a criar ambientes abertos e livres – alheios a esse fanatismo indiferentista, sem necessidade de etiquetas confessionais –, onde seja possível dialogar e colaborar com todas as pessoas de boa vontade que queiram construir uma sociedade conforme à dignidade transcendente da pessoa humana. Não é tarefa fácil, mas é irrenunciável. O cristão deve conquistar prestígio profissional e saber empregá-lo para infundir o espírito cristão na sociedade.

Em todos os trabalhos

Durante os anos de vida em Nazaré, Jesus *crescia em sabedoria, em idade e em graça diante de Deus e dos homens* (Lc 2, 52). O Evangelho também nos diz que era conhecido como *o artesão* (Mc 6, 3). Basta-nos unir esses dois dados para apreciar o prestígio que o Senhor tinha no trabalho.

Na sua tarefa divina de carpinteiro, sem realizar prodígios extraordinários, seus concidadãos o viam crescer não só em idade, mas também em sabedoria e graça. Quantos detalhes encerram estas palavras! No modo de atender às pessoas, de receber os encargos e cumpri-los com maestria profissional, de praticar a justiça com caridade, de servir aos próximos, de trabalhar com ordem e intensidade, descansar e procurar que os demais descansassem...; em sua serenidade, em sua paz, em sua alegria, e em todas as suas tarefas se percebia um algo que atraía, que levava a procurar estar com Ele, a confiar nEle e a seguir seu exemplo: o exemplo de um homem que viam tão humano e tão divino, que transmitia amor a Deus e amor aos homens, que os fazia se sentir no céu e na terra ao mesmo tempo, animando-os a ser melhores. Como o mundo seria diferente, pensariam muitos deles, se procurássemos ser como Jesus em nosso trabalho! Que distinta a vida na cidade ou no campo!

O crescimento de Jesus em idade, sabedoria e graça, o progressivo manifestar-se da plenitude da vida divina que enchia a sua natureza humana desde o momento da Encarnação, ocorria num trabalho tão corrente como o de carpinteiro. «Diante de Deus, nenhuma ocupação é por si mesma grande ou pequena. Tudo adquire o valor do Amor com que se realiza»[11]. O prestígio profissional é, em última análise, a manifestação do amor com que se realiza o trabalho. É uma qualidade da pessoa, não da tarefa que se realiza. Não consiste em se dedicar a uma profissão prestigiosa aos olhos humanos, mas sim em levar a cabo de modo prestigioso qualquer profissão, brilhante ou não.

Aos olhos dos homens, sim, há trabalhos mais brilhantes que outros, como os que trazem consigo o exercício da autoridade na sociedade, ou os que têm mais influxo na cultura, maior projeção dos meios de comunicação, no esporte etc. Precisamente por isso – porque gozam de

_____

(11) Josemaria Escrivá, *Sulco*, n. 487.

melhor consideração e influem muito na sociedade –, é mais necessário que quem o exerça tenha um prestígio não só técnico, mas também moral: um prestígio profissional cristão. É de vital importância que todos os filhos de Deus realizem com prestígio essas atividades das quais depende em boa medida o tom da nossa sociedade.

Geralmente são os intelectuais que as levam a cabo, e por isso «temos de procurar que, em todas as atividades intelectuais, haja pessoas retas, de autêntica consciência cristã, de vida coerente, que empreguem as armas da ciência a serviço da humanidade e da Igreja»[12]. São Josemaria o tem muito presente quando escreve, explicando o labor apostólico do Opus Dei:

> Escolheu-nos o próprio Jesus Cristo, para que no meio do mundo – no qual nos colocou e do qual não quis segregar-nos – cada um de nós procure a santificação no seu estado e – ensinando, com o testemunho da vida e da palavra, que a chamada à santidade é universal – promova entre pessoas de todas as condições sociais, e especialmente entre os intelectuais, a perfeição cristã no próprio cerne da vida civil[13].

---

(12) Josemaria Escrivá, *Forja*, n. 636.

(13) São Josemaria Escrivá, *Carta*, 14.2.1944, n. 1, citado em A. Vázquez de Prada, *O Fundador do Opus Dei*, volume I, Quadrante, São Paulo, 2004, pág. 280.

TRABALHO E FAMÍLIA

O Papa Francisco recordou na Exortação Apostólica *Amoris Laetitia* (n. 31) que o bem da família é decisivo para o futuro do mundo e da Igreja. Para alcançar esse bem, é necessário ter em conta que

> O trabalho constitui o fundamento sobre o qual se edifica a *vida familiar* [...]. Estas duas esferas de valores – uma conjunta ao trabalho e a outra derivante do caráter familiar da vida humana – devem unir-se entre si e compenetrar-se de um modo correto[1].

Harmonizar as exigências das vocações familiar e profissional nem sempre é fácil, mas é parte importante do empenho por viver a unidade de vida. É o amor de Deus que dá unidade, põe ordem no coração, ensina quais são as prioridades. Entre essas prioridades está saber situar sempre o bem das pessoas acima dos outros interesses, trabalhando para servir, como manifestação da caridade; e viver a caridade de maneira ordenada, co-

---

(1) São João Paulo II, Encíclica *Laborem exercens*, n. 10.

meçando por aqueles que Deus confia mais diretamente aos nossos cuidados.

A vida familiar e a profissional se sustentam mutuamente. O trabalho, dentro e fora de casa, «de alguma maneira, é a condição que torna possível a fundação de uma família»[2]. Em primeiro lugar, porque a família «exige os meios de subsistência que o homem obtém normalmente mediante o trabalho»[3].

Por sua vez, o trabalho é um elemento fundamental para alcançar os fins da família.

Trabalho e laboriosidade condicionam também *o processar-se da educação* na família, precisamente pela razão de que cada um «se torna homem» mediante o trabalho, entre outras coisas, e que o fato de se tornar homem exprime exatamente a finalidade principal de todo o processo educativo[4].

A Sagrada Família nos mostra como compenetrar esses dois âmbitos. São Josemaria aprendeu e ensinou as lições de Santa Maria e de São José. Com seu trabalho, proporcionaram a Jesus um lar em que crescer e se desenvolver.

O exemplo de Nazaré ressoava na alma do fundador do Opus Dei como escola de serviço:

Em Belém, ninguém reserva nada para si. Lá, não se ouve falar da minha honra, nem do meu tempo, nem do meu trabalho, nem das minhas ideias, nem dos meus gostos, nem do meu dinheiro. Ali, põe-se

---

(2) *Ibidem.*

(3) *Ibidem.*

(4) *Ibidem.*

TRABALHO E FAMÍLIA   161

tudo a serviço do grandioso jogo de Deus com a humanidade, que é a Redenção[5].

Imitar a São José

Vede: que faz José, com Maria e com Jesus, para seguir o mandato do Pai, a moção do Espírito Santo? Entrega-lhe todo o seu ser, põe a sua vida de trabalhador ao seu serviço. José, que é uma criatura, alimenta o Criador; ele, que é um pobre artesão, santifica o seu trabalho profissional, coisa de que os cristãos se tinham esquecido por séculos, e que o Opus Dei veio recordar. Dá-lhe a sua vida, entrega-lhe o amor do seu coração e a ternura dos seus cuidados, empresta-lhe a fortaleza dos seus braços, dá-lhe... tudo que é e tudo o que pode: o trabalho profissional ordinário, próprio da sua condição[6].

São José trabalhou para servir ao Filho de Deus e à sua Mãe. Nada sabemos do produto material de seu trabalho, nem nos chegaram os objetos que terá fabricado ou consertado; mas sabemos, sim, que sua tarefa serviu à obra da Redenção. José ensinou a Jesus o ofício a que se dedicou por longos anos de sua vida, e trabalhou profundamente unido a Quem, já nestes momentos, redimia-nos. Com seu trabalho, edificou o lar de Nazaré onde Jesus havia

---

(5) São Josemaria Escrivá, *Carta*, 14.2.1974, n. 2.

(6) São Josemaria Escrivá, Meditação *«San José, Nuestro Padre y Señor»* (19.3.1968). Citado por J. M. Casciaro, «La encarnación del Verbo y la corporalidad humana». *Scripta Theologica*, 18, 1986, págs. 751-770.

de crescer, lar que é imagem da Igreja. Nunca descurou a família por causa do trabalho de artesão, nem pelo cansaço da jornada. Antes: pôs esse trabalho inteiramente ao serviço do Filho de Deus e da Virgem Maria e não lhes privou das atenções próprias do chefe de família. E o seu trabalho, longe de se ver empequenecido pelas exigências que lhe impunham essas atenções – viagens, mudanças de país e de domicílio, dificuldades e perigos – viu-se infinitamente enriquecido.

Que grande lição para quem facilmente se deixa fascinar pelo desejo de afirmação pessoal e pelo êxito no trabalho! A glória de São José foi ver crescer Jesus em sabedoria, em idade e em graça (cf. Lc 2, 52), e servir à Mãe de Deus. As horas de esforço continuado do Santo Patriarca tinham rosto. Não terminavam numa obra material, por mais bem-feita que estivesse, mas sim no bem de Jesus e de Maria. Eram o conduto para amar a Deus no Filho e em sua Mãe.

Deus nos deu também a possibilidade de descobri-lO e amá-lO servindo à família com a nossa tarefa profissional. Muitas pessoas colocam fotografias de seus entes queridos na mesa ou no lugar de trabalho, e o cristão põe também algo que lhe recorde o sentido divino do amor humano: às vezes um crucifixo ou uma imagem da Sagrada Família, ou outro recordatório oportuno segundo o lugar em que se encontre, porque se há amor a Deus, há também união entre família e trabalho.

Dá pena ver pessoas interiormente divididas, que sofrem inutilmente. As obrigações familiares lhes parecem um obstáculo para crescer profissionalmente. Tratam de conciliar uma multidão de compromissos, e se lamentam de que não têm tempo para a família. Mas, muitas

TRABALHO E FAMÍLIA

vezes, não é tempo o que lhes falta, mas sim um coração ordenado e enamorado. O exemplo de São José pode nos ajudar a todos. O cuidado da Sagrada Família e o trabalho de artesão não eram âmbitos incomunicáveis, mas uma mesma realidade. O amor a Maria e a Jesus o levava a trabalhar, e com seu trabalho servia à Sagrada Família.

Apostolado urgente

A família constitui um dos mais importantes termos de referência, segundo os quais tem de ser formada a ordem sócio-ética do trabalho humano [...]. Com efeito, a família é, ao mesmo tempo, uma *comunidade tornada possível pelo trabalho* e a primeira *escola interna de trabalho* para todos e cada um dos homens [7].

Enfrentamos hoje o desafio de conseguir que se outorgue à família o lugar central que lhe corresponde na vida das pessoas e no mundo do trabalho. Esse desafio assume muitas facetas. Em primeiro lugar, é preciso valorizar aqueles trabalhos mais estreitamente ligados aos fins próprios da família, como a atividade doméstica, a tarefa educativa – muito especialmente nos primeiros anos de vida –, e as distintas formas de colaboração na assistência aos enfermos e anciãos.

Também é um objetivo urgente conseguir que a organização do trabalho não gere incompatibilidades com

---

(7) São João Paulo II, Encíclica *Laborem exercens*, n. 10.

as obrigações do lar. Essas situações acontecem amiúde, por conta de salários insuficientes para sustentar uma família; de horários que obrigam a reduzir muito a presença do pai ou da mãe em casa; de entraves à abertura à vida de muitas mães que desejam compatibilizar a dedicação à família com profissões fora do lar. Essas e outras dificuldades afetam de modo particular os profissionais jovens que se veem submetidos à pressão de um ambiente, de uma organização social e de um sistema de vida que dificulta a formação de uma família e sua estabilidade.

O empenho que ponhais, filhas e filhos meus, para imprimir um tom profundamente cristão em vossos lares e na educação de vossos filhos, fará de vossas famílias focos de vida cristã, remansos de águas limpas que influirão em muitas outras famílias, facilitando também que brotem vocações[8].

---

(8) Mons. Javier Echevarría, *Carta*, 28.12.2002, ns. 11-12.

A FORÇA DO FERMENTO

A sociedade é como um tecido de relações entre os homens. O trabalho, a família e as outras circunstâncias da vida criam uma trama de vínculos em que a nossa existência está entretecida[1], de modo que, quando procuramos santificar a nossa profissão concreta, a nossa situação familiar particular e os nossos outros deveres ordinários, não santificamos um fio isolado, mas sim a tessitura social inteira.

Esse trabalho santificador converte os cristãos em poderoso fermento de ordenação do mundo, de modo que este reflita melhor o amor com que foi criado. Em qualquer atividade humana em que a caridade esteja presente, reduzem-se os espaços do egoísmo, principal fator de desordem no homem nas suas relações com os outros e com as coisas. Portadores do Amor do Pai no meio da sociedade, os fiéis leigos «são chamados por Deus para que, aí, exercendo o seu próprio ofício, guiados pelo espírito

---

(1) Cf. Concílio Vaticano II, Constituição dogmática *Lumen gentium*, n. 31. Cf. São João Paulo II, Exortação apostólica *Christifideles laici*, n. 15.

evangélico, concorram para a santificação do mundo a partir de dentro»[2].

A eficácia transformadora dessa levedura cristã depende, em grande medida, de que cada um procure alcançar uma preparação adequada para seu trabalho. Essa não deve se limitar à instrução específica – técnica ou intelectual – necessária a cada profissão. Há outros aspectos que, por serem imprescindíveis para alcançar uma verdadeira competência humana e cristã, influem diretissimamente nas relações laborais e sociais que se originam em torno do trabalho, e que são fundamentais para ordenar a Deus o tecido social.

Ser do mundo sem ser mundanos

O cristão chamado a se santificar na sua profissão tem de ser do mundo, mas não mundano. Tem de buscar o bem-estar temporal sem o considerar o bem supremo. Deve reconhecer com realismo a presença do mal, sem desanimar quando o encontra em seu caminho, procurando, por sua vez, reparar e lutar com mais empenho para purificá-lo do pecado.

O entusiasmo não deve faltar nunca, nem em vosso trabalho, nem em vosso empenho por construir a cidade temporal. Ainda que, ao mesmo tempo, como discípulos de Cristo que crucificaram a carne com suas paixões e concupiscências (cf. Gl 5, 24), procurareis manter vivo o sentido do pecado e da reparação

---

(2) *Ibidem.*

generosa, frente aos falsos otimismos daqueles que, inimigos da cruz de Cristo (Fl 3, 18), calculam tudo em termos de progresso e energias humanas[3].

«Ser do mundo», em sentido positivo, leva a «ter espírito contemplativo no meio de todas as atividades humanas [...], tornando realidade este programa: quanto mais imersos no mundo estivermos, tanto mais temos que ser de Deus»[4]. Esse desejo, longe de produzir retraimento ante as dificuldades do ambiente, impulsiona uma maior audácia, fruto de uma presença de Deus mais intensa e constante. Porque somos do mundo e somos de Deus, não podemos nos encerrar: «Não é lícito aos cristãos abandonar sua missão no mundo, como à alma não é permitido se separar voluntariamente do corpo»[5]. São Josemaria concretiza essa tarefa de cidadãos cristãos em «contribuir para que o amor e a liberdade de Cristo presidam todas as manifestações da vida moderna – a cultura e a economia, o trabalho e o descanso, a vida de família e o convívio social»[6].

Manifestação capital do espírito cristão é reconhecer que a plena felicidade humana se encontra na união com Deus, não na posse de bens terrenos. É justamente o contrário de ser mundano. O mundano põe todo o coração nos bens deste mundo, sem se lembrar de que existem para conduzi-lo ao Criador. Alguma vez pode acontecer que, ante a experiência de pessoas que, longe de Deus,

---

(3) São Josemaria Escrivá, *Carta*, 9.1.1959, n. 19. Cf. Josemaria Escrivá, *É Cristo que passa*, ns. 95-101.

(4) Josemaria Escrivá, *Forja*, n. 740.

(5) *Epistola ad Diognetum*, 6.

(6) Josemaria Escrivá, *Sulco*, n. 302.

parecem encontrar felicidade nos bens que possuem, venha o pensamento de que a união com Deus não é a única fonte de alegria plena. Mas não devemos nos enganar. Trata-se de uma felicidade inconsistente, superficial, que não está isenta de inquietações. Essas mesmas pessoas seriam incomparavelmente mais felizes, já nessa terra e depois plenamente no céu, se cultivassem o trato com Deus e ordenassem o uso desses bens à glória dEle. Sua felicidade, então, deixaria de ser frágil e exposta às muitas eventualidades, e já não temeriam – com esse temor que lhes tira a paz – que tal ou qual bem chegasse a lhe faltar, nem se assustariam com a realidade da dor e da morte.

As bem-aventuranças do Sermão da Montanha – *bem--aventurados os pobres em espírito, porque deles é o Reino dos céus; bem-aventurados os que choram, porque serão consolados; bem-aventurados os mansos [...], os que têm fome e sede de justiça; os que sofrem perseguição por conta da justiça* (cf. Mt 5, 3 e segs.) – mostram que a plena felicidade (a bem-aventurança) não se encontra nos bens deste mundo. Doía a São Josemaria que às vezes aparecessem pessoas que «enganam as almas. Falam-lhes de uma libertação que não é a de Cristo. Os ensinamentos de Jesus, seu Sermão da Montanha, essas bem-aventuranças que são um poema do amor divino, são ignoradas. Só buscam uma felicidade terrena, que não é possível alcançar neste mundo»[7].

As palavras do Senhor não justificam, no entanto, uma visão negativa dos bens terrenos, como se fossem maus ou empecilhos para o Céu. Não são obstáculo, mas sim matéria de santificação, e o Senhor não nos convida a rechaçá-

---

(7) São Josemaria Escrivá, *Notas de uma meditação*, 25.12.1972.

A FORÇA DO FERMENTO

-los. Ensina, em contrapartida, que o único necessário (cf. Lc 10, 42) à santidade e à felicidade é amar a Deus. Quem não dispõe desses bens ou quem sofre deve saber não só que a alegria plena pertence ao Céu, mas também que já nessa terra é *bem-aventurado* – pode ter uma antecipação da felicidade no céu –, porque a dor e, em geral, a carência de um bem terreno, têm valor redentor se acolhidas como a Cruz de Cristo, por amor à Vontade de nosso Pai-Deus, que tudo ordena para o nosso bem (cf. Rm 8, 28). Buscar o bem-estar material para aqueles que nos rodeiam é muito agradável a Deus, é uma forma maravilhosa de empapar de caridade as realidades temporais, e é perfeitamente compatível com a atitude pessoal de desprendimento que o Senhor nos ensinou.

Mentalidade laical, com alma sacerdotal

Um filho de Deus tem de ter «alma sacerdotal», porque participa do sacerdócio de Cristo para corredimir com Ele. No ensinamento de São Josemaria, que se dirige àqueles chamados a santificar-se no meio do mundo, essa característica se encontra intrinsecamente unida à «mentalidade laical», que leva a realizar o trabalho e as diversas tarefas com competência, de acordo com suas leis próprias, queridas por Deus[8].

Dentro do marco básico das normas de moral profissional, de que é preciso cuidar delicadamente como pressuposto necessário à santificação do trabalho, há muitos modos de levar a cabo as tarefas humanas segun-

---

(8) Cf. Concílio Vaticano II, Constituição pastoral *Gaudium et spes*, n. 36.

do o querer de Deus. Dentro das leis próprias de cada atividade, e na ampla perspectiva que abre a moral cristã, existe uma multidão de opções, todas santificáveis, entre as quais cada um pode escolher com responsabilidade e liberdade pessoais, respeitando a liberdade de todos. Essa liberdade intransferível faz com que a participação de cada um na vida social – no lar, no trabalho, na convivência social – seja única, original e irrepetível, como é irrepetível a resposta de cada alma ao amor a Deus. Não devemos privar os outros do bom exercício da nossa liberdade, fonte de iniciativas de serviço para a glória de Deus. Assumir profundamente esse fato é característica essencial do espírito que São Josemaria transmite: «Liberdade, meus filhos, liberdade, que é a chave dessa mentalidade laical que todos temos»[9].

A alma sacerdotal e a mentalidade laical são dois aspectos inseparáveis no caminho de santidade que ensina.

Em tudo e sempre devemos ter – tanto os sacerdotes como os leigos – *alma verdadeiramente sacerdotal e mentalidade plenamente laical*, para que possamos entender e viver na nossa vida pessoal a liberdade de que gozamos na esfera da Igreja e nas coisas temporais, considerando-nos a um só tempo cidadãos da cidade de Deus e da cidade dos homens[10].

Para ser fermento do espírito cristão na sociedade é preciso que em nossa vida se cumpra essa união, de modo

---

(9) São Josemaria Escrivá, *Carta*, 29.9.1957. Citada por A. Cattaneo, «Tracce per una spiritualità laicale offerte dall'omelia *Amare il mondo appassionatamente*». *Annales Theologici*, 16, 2002, pág. 128.

(10) São Josemaria Escrivá, *Carta*, 2.2.1945, n. 1. Citada em A. Vázquez de Prada, *O Fundador do Opus Dei*, volume II, pág. 603.

que toda nossa tarefa profissional, realizada com mentalidade laical, esteja empapada de alma sacerdotal.

Sinal claro dessa união é pôr em primeiro lugar o relacionamento com Deus, a piedade, concretizada num plano de vida espiritual. Necessitamos alimentar o Amor como nosso impulso vital, porque não é possível trabalhar realmente para Deus sem uma vida interior cada vez mais profunda. Como recordava São Josemaria:

> Se não tivesses vida interior, ao vos dedicardes ao vosso trabalho, em vez de divinizá-lo, poderia suceder-vos o que sucede ao ferro, quando está em brasa e o metem na água fria: destempera-se e se apaga. Tendes de ter fogo que venha de dentro, que não se apague, que incendeie tudo o que toque. Por isso pude dizer que não quero nenhuma obra, nenhum labor, se meus filhos não melhoram nele. Meço a eficácia e o valor das obras pelo grau de santidade que adquirem os instrumentos que a realizam.
>
> Com a mesma força com que antes vos convidava a trabalhar, e a trabalhar bem, sem medo do cansaço; com essa mesma insistência, convido-vos agora a ter vida interior. Nunca me cansarei de repeti-lo: nossas Normas de piedade, nossa oração, são o primeiro. Sem luta ascética, nossa vida não valeria nada, seríamos ineficazes, ovelhas sem pastor, cegos que guiam outros cegos (cf. Mt 9, 36; 15, 4)[11].

Para que o fermento não se desvirtue, tem de ter a força de Deus. É Deus quem transforma as pessoas e o ambiente que nos rodeia. Somente quando permanece-

_____

(11) São Josemaria Escrivá, *Carta*, 15.10.1948, n. 20.

mos unidos a Ele somos verdadeiramente fermento de santidade. Do contrário, estaremos na massa como simples massa, sem colaborar com o que se espera da levedura. O empenho por cuidar de um plano de vida espiritual acabará produzindo o milagre da ação transformadora de Deus: primeiro em nós mesmos, por ser esse plano um caminho de união com Ele; e, como consequência, nos outros, na sociedade inteira.

TRABALHAR A TODO MOMENTO

São Josemaria escreveu que o trabalho é «uma enfermidade contagiosa, incurável e progressiva»[1]. Um dos sintomas dessa «enfermidade» consiste em não saber estar sem fazer nada. O desejo de dar glória a Deus é a razão última dessa laboriosidade, desse desejo de santificar o tempo, de querer oferecer a Deus cada minuto de cada hora, cada hora de cada dia... cada etapa da vida. «Quem é laborioso aproveita o tempo, que não é apenas ouro; é glória de Deus! Faz o que deve e está no que faz, não por rotina nem para ocupar as horas, mas como fruto de uma reflexão atenta e ponderada»[2].

O homem cauto medita seus passos, diz a Bíblia (Pr 14, 15). Meditar os passos da tarefa profissional é essa «reflexão atenta e ponderada» de que fala São Josemaria, que leva a pensar para onde caminhamos com o nosso trabalho, e a retificar a intenção. O prudente discerne em cada

---

(1) São Josemaria Escrivá, *Carta*, 15.10.1948. Citada por A. Nieto, *Josemaria Escrivá, sacerdote de Deus, trabalhador exemplar*, discurso pronunciado na Universidade de Navarra em 26.6.1985.

(2) Josemaria Escrivá, *Amigos de Deus*, n. 81.

circunstância o melhor modo de se dirigir ao seu destino. E a nossa meta é o Senhor. Quando mudam as circunstâncias, convém ter o coração desperto para perceber as chamadas de Deus nas alterações e novas situações e por meio delas.

Detenhamo-nos em dois momentos concretos da vida profissional: o início e o fim. Dentro da sua especificidade, ajudam a considerar alguns aspectos da santificação do trabalho. Dentre outros: a disposição vigilante, com a fortaleza da fé, para manter a retidão de intenção; o valor relativo da materialidade do que fazemos; a fugacidade dos êxitos ou dos fracassos; a necessidade de manter sempre uma atitude jovem e esportiva, disposta a recomeçar, por amor a Deus e aos outros, quantas vezes for necessário...

Mentalidade laical, com alma sacerdotal

Uma das notas essenciais do ensinamento de São Josemaria é a unidade de vida. Viver em unidade significa orientar tudo em direção a um único fim; buscar «"somente e em tudo" a glória de Deus»[3]. Para aqueles que dedicam a maior parte do dia a uma profissão, é necessário aprender a integrá-la no conjunto do projeto de vida. O início da vida profissional é um dos momentos mais importantes nessa aprendizagem. É uma situação de mudança, de novos desafios e possibilidades... e também de dificuldades que convém conhecer.

Em alguns âmbitos se exige dos jovens profissionais uma dedicação sem limite de horário nem de compro-

---

(3) Josemaria Escrivá, *Forja*, n. 921.

misso, como se o trabalho fosse a única dimensão da sua vida. Essas práticas se inspiram, por um lado, em técnicas de motivação; mas também correspondem a uma mentalidade que absolutiza o sucesso profissional perante qualquer outra dimensão da existência. Busca-se fomentar uma atitude em que o compromisso com a empresa ou com a equipe de trabalho esteja acima de qualquer outro interesse. E as pessoas com vocação profissional, que querem fazer bem seu trabalho, são particularmente suscetíveis a esse enfoque. São Josemaria, mestre de santificação do trabalho, advertia para o perigo de trocar a ordem das aspirações.

Interessa que te afanes, que metas ombros... Seja como for, coloca os afazeres profissionais no seu lugar: constituem exclusivamente meios para chegar ao fim; nunca se podem tomar, nem de longe, como o fundamental.

Quantas «profissionalites» impedem a união com Deus![4]

Os meios usados para reclamar essa exclusividade não costumam consistir em rígidas imposições, mas antes em fazer entender que a estima, a consideração e as possibilidades futuras de uma pessoa dependem de sua disponibilidade incondicionada. Desse modo, as pessoas são incentivadas a passar o maior número possível de horas na empresa, renunciando mesmo ao fim de semana e aos períodos de descanso – habitualmente dedicados à família, ao cultivo de amizades etc. –, mesmo quando não existe uma necessidade real para isso. Essas e outras for-

---

(4) Josemaria Escrivá, *Sulco*, n. 502.

mas de demonstrar a máxima disponibilidade costumam ser estimuladas com gratificações ou com benefícios que permitem acesso a um alto *status* social: hotéis e ambientes exclusivos em viagens por motivos de trabalho, presentes... Pelo contrário, qualquer limitação da disponibilidade é vista como um perigoso desvio da «mentalidade de equipe». O grupo de trabalho ou a empresa pretendem assim absorver a totalidade das energias, e qualquer outro compromisso deve submeter-se sempre aos do trabalho. Não é difícil que essas circunstâncias torçam a retidão de intenção de uma pessoa, que pode começar a pensar que toda essa atividade faz parte do prestígio profissional conveniente para o apostolado. São Josemaria prevenia contra os possíveis falsos raciocínios nesse sentido:

> Uma preocupação impaciente e desordenada por subir profissionalmente pode disfarçar o amor próprio sob o pretexto de «servir as almas». Com falsidade – não tiro uma letra –, forjamos a justificativa de que não devemos desaproveitar certas conjunturas, certas circunstâncias favoráveis...[5]

Quando não se cultivam a fortaleza e a temperança necessárias para manter as aspirações profissionais dentro de uma ordem que permita orientá-las ao amor de Deus, não é difícil imaginar as consequências. Basta pensar nas crises que se produzem na vida familiar quando o pai ou a mãe não querem estabelecer pausas no trabalho mesmo quando possível, e regateiam a necessária dedicação de tempo e energias ao lar; ou o esfriamento na relação com Deus quando o plano de vida espiritual

---

(5) Josemaria Escrivá, *Sulco*, n. 701.

não é posto em primeiro lugar; ou a languidez do apostolado de amizade e de confidência quando a atenção às pessoas se vê habitualmente como um estorvo para os compromissos profissionais.

A atitude de quem se deixa seduzir pelo êxito humano – muito distinto do prestígio profissional que é o anzol do apóstolo – impossibilita a unidade de vida cristã. A profissão deixa de estar integrada no conjunto das atividades segundo a ordem da caridade, que inclui atender a outros deveres espirituais, familiares e sociais. O que realmente deve interessar a um filho de Deus é cumprir a vontade de seu Pai, procurando trabalhar em sua presença amorosa. É isso que dá sentido a tudo, e é o que deve nos mover a trabalhar e a descansar, a fazer isto ou aquilo; o que nos dá paz e alegria. Para cristianizar os ambientes profissionais é preciso maturidade humana e sobrenatural, um prestígio profissional cristão que não se reduz à mera produtividade.

Nós, os filhos de Deus, fomos libertados por Cristo na Cruz. Podemos aceitar essa libertação ou rechaçá-la. Se a acolhemos com nossa correspondência, viveremos livres da escravidão da opinião dos outros, da tirania das nossas paixões, e de qualquer pressão que pretenda dobrar nosso coração para que sirvamos a senhores distintos do nosso Pai Deus.

Com frequência será necessária uma boa dose de fortaleza para dizer não a propostas profissionais que sabemos sinceramente que não estariam em nosso caminho pessoal de santificação e de apostolado, ainda que possam estar no de outro. Mas não há receitas para isso. A ação prudente num assunto de tanta importância requer uma vida interior sólida, um desejo firme de dar glória a Deus, e a atitude humilde, vigilante e aberta de deixar-se aconselhar.

O final de uma etapa, o começo de outra

Outra fase que tem as suas exigências específicas é o momento da aposentadoria. Essa mudança da condição de vida requer uma adaptação de muitos aspectos práticos e, sobretudo, um espírito jovem, disposto a buscar e realizar o que Deus quer nessa nova etapa da vida.

É um bom começo para voltar a meditar sobre o significado da santificação do trabalho, começando pelo primeiro requisito, o de trabalhar, precisamente numa situação em que as circunstâncias não obrigam como antes. Põe-se em primeiro plano que o motivo para trabalhar não é só a necessidade, mas sim o amor a Deus, que nos criou para que trabalhemos enquanto possamos.

É uma ocasião esplêndida para pensar em como ser úteis ao Senhor e aos outros, com um renovado espírito de serviço, mais sereno e mais reto, em tantas coisas pequenas ou em grandes iniciativas. As possibilidades são variadíssimas. Há aqueles que, durante um tempo, mantém a atividade profissional anterior, preparando as pessoas que terão de substituí-los. Outros passam a atividades de caráter assistencial, de grande valor: atenção aos enfermos, apoio a centros educativos ou formativos que necessitam de pessoas com experiência e possibilidade de dedicação de tempo. Outros aproveitam a ocasião para exercitar capacidades que antes só puderam desenvolver superficialmente: colaboram em atividades culturais que possam ser realizadas pela internet; intervêm na formação da opinião pública; estimulam associações familiares e culturais; promovem grupos de telespectadores ou de consumidores que melhoram a sociedade... Em todo caso, essas atividades devem ser realizadas de modo profissional, com a mentalidade de competência que se teve até então e que agora tem de continuar se manifestando na perfeição com que o novo trabalho é levado a cabo: na preparação que se procura adquirir para realizá-lo, na seriedade com que se respeitam o horário e todos os compromissos assumidos.

Os horizontes apostólicos dessa etapa da vida são muito amplos. A passagem a uma situação de maior liberdade na organização do tempo não deve abrir margem para o aburguesamento. Tudo tem de estar empapado de afã apostólico. As ocasiões de entrar em contato com outras pessoas podem ser, nessas novas circunstâncias, muito maiores do que antes, abrindo-se inclusive a oportunidade de um labor apostólico com jovens – não só colaborando com alguma iniciativa, mas criando-a: um clube, umas atividades de formação que permitam dar vazão ao espírito cristão dentro de si.

«O espírito humano, participando do envelhecimento do corpo, em certo sentido permanece sempre jovem se vive orientado em direção ao eterno»[6]. São Josemaria, nos últimos anos de sua vida na terra, quando as forças físicas minguavam, não deixou de empreender projetos cheios de audácia, como o Santuário de Torreciudad[7]. Era igual-

---

(6) São João Paulo II, *Carta aos Anciãos*, 1.10.1999, n. 122.

(7) Santuário mariano situado na comunidade autônoma de Aragão (Espanha) construído entre 1970 e 1975 por iniciativa de São Josemaria Escrivá, com contribuições de fiéis de muitos países, ao lado de uma ermida dedicada à Virgem Maria, datada do século XI. Quando o santo tinha apenas dois anos, seus pais o levaram a essa ermida a fim de agradecer a sua cura de uma grave doença. (N. do E.)

mente surpreendente o exemplo de São João Paulo II, que promoveu numerosas iniciativas de evangelização, uma mais audaz que a outra, com força e vigor, não obstante a enfermidade que o acompanhou durante anos, até a sua morte santa.

Dele mesmo se pode dizer essas suas palavras, com as quais nos convida a ter em grande estima a última parte da vida: «Todos conhecemos exemplos eloquentes de anciãos com uma surpreendente juventude e vigor de espírito...»[8].

---

(8) São João Paulo II, *Carta aos Anciãos*, 1.10.1999, n. 122.

JESUS CRISTO NAS ENTRANHAS DO TRABALHO

«Esta tem sido a minha pregação constante desde 1928: urge cristianizar a sociedade»[1], afirma São Josemaria numa homilia; e pouco depois assinala o modo que propõe para alcançá-lo: «elevar à ordem da graça os afazeres diários, a profissão ou ofício»[2]. Trata-se, com outras palavras, de santificar o trabalho. «Pelo trabalho» – escreve –, «o cristão submete o mundo criado (cf. Gn 1, 28) e o ordena a Cristo Jesus, centro em que estão destinadas a recapitular-se todas as coisas»[3]. Abre-se aqui uma perspectiva fascinante, cuja origem se encontra num fato histórico que é preciso recordar para compreender o alcance da mensagem.

---

(1) Josemaria Escrivá, *Amigos de Deus*, n. 210.

(2) *Ibidem.*

(3) São Josemaria Escrivá, *Carta*, 6.5.1945.

«Quando eu tiver sido levantado sobre a terra...»

O dia 7 de agosto de 1931 foi uma data memorável para São Josemaria. Muitas vezes ao longo da vida recordará que nesse dia o Senhor o fez ver com uma inusitada clareza uma característica do espírito que transmitia desde 1928. Compreendeu que Jesus Cristo reinará no mundo porque, de alguma maneira, alguns cristãos o colocarão na entranha e no cume da sua atividade profissional, santificando o trabalho. Assim, Ele atrairá todos os homens e todas as coisas a si, e o seu Reino será uma realidade, porque a sociedade inteira – as pessoas, as instituições e os costumes –, tecida pelos fios das diversas profissões, estará configurada cristãmente.

Essa mensagem ficou impressa na sua alma quando ele compreendeu, num sentido novo, as palavras do Senhor recolhidas em Jo 12, 32 (segundo a Vulgata, usada então na liturgia): *Et ego, si exaltatus fuero a terra, omnia traham ad meipsum – E eu, quando tiver sido levantado da terra, atrairei a mim todas as coisas.* Eis aqui uma das passagens em que se refere a esse momento:

> Quando um dia, na quietude de uma igreja madrilenha, eu me sentia... nada! – não digo pouco; pouco, ainda teria sido alguma coisa –, pensava: Tu queres, Senhor, que faça toda esta maravilha? [...] E, lá no fundo da alma, entendi com um sentido novo, pleno, aquelas palavras da Escritura: *Et ego, si exaltatus fuero a terra, omnia traham ad meipsum.* Entendi-o perfeitamente. O Senhor dizia-nos: se vós me puserdes nas entranhas de todas as atividades da terra, cumprindo o dever de cada momento, sendo meu testemunho

naquilo que parece grande e naquilo que parece pequeno... então, *omnia traham ad meipsum*! Meu reino entre vós será uma realidade![4]

As biografias de São Josemaria narram a profunda comoção que experimentou na alma ao receber essa luz[5]. As palavras de Jo 12, 32 – esculpidas ao pé da sua imagem nos muros da Basílica de São Pedro, abençoada por Bento XVI em 14 de setembro de 2005 – recordam a importância deste acontecimento para a vida da Igreja.

Noutro lugar – escrevendo em terceira pessoa – o Fundador do Opus Dei explica o sentido que descobriu nesta passagem do Evangelho:

> [Aquele sacerdote] entendeu claramente que, com o trabalho ordinário em todas as tarefas do mundo, era necessário reconciliar a terra com Deus, de modo que o profano – ainda sendo profano – se convertesse em sagrado, em consagrado a Deus, fim último de todas as coisas[6].

Converter o profano em sagrado «ainda sendo profano» significa que uma atividade profissional – a medicina, a construção, a hotelaria etc. –, sem alterar a sua natureza e a sua função na sociedade, com sua autonomia e suas leis próprias, pode se converter em oração, em diálogo com Deus, e assim ser santificada: purifica-se e eleva-se. Por isso afirma São Josemaria que:

---

(4) São Josemaria Escrivá, *Notas de uma meditação*, 27.10.1963.

(5) Cf. A. Vázquez de Prada, *O Fundador do Opus Dei*, volume I, pág. 348 e segs.

(6) São Josemaria Escrivá, *Carta*, 9.1.1932, n. 2.

184 TRABALHAR BEM, TRABALHAR POR AMOR

A rigor, não se pode dizer que haja realidades profanas, uma vez que o Verbo se dignou assumir uma natureza humana íntegra e consagrar a terra com a sua presença e com o trabalho de suas mãos, porque foi desígnio do Pai reconciliar consigo, pacificando-as pelo sangue da Cruz, todas as coisas, tanto as da terra como as do céu (Cl 1, 20)[7].

Quando fala de pôr o Senhor «nas entranhas» das atividades humanas, o Fundador do Opus Dei indica que essa transformação do profano em santo ou sagrado ocorre no mais íntimo da atividade. Com efeito, a essência dessa transformação é a caridade, o amor sobrenatural, que informa e vivifica inteiramente aquilo que se faz:

Se nós, os homens, nos decidíssemos a albergar o amor de Deus em nossos corações! Cristo, Senhor Nosso, foi crucificado e, do alto da Cruz, redimiu o mundo, restabelecendo a paz entre Deus e os homens. Jesus Cristo recorda a todos: *et ego, si exaltatus fuero a terra, omnia traham ad meipsum* (Jo 12, 32)[8].

Várias vezes, em vez de dizer «nas entranhas», São Josemaria escreve «no cume» ou «no cimo» das atividades humanas:

Se vós me colocardes no cume de todas as atividades da terra, cumprindo o dever de cada instante, dando testemunho de mim no que parece grande e no que parece pequeno, *omnia traham ad meip-*

---

(7) São Josemaria Escrivá, *Carta*, 6.5.1945, n. 14.

(8) Josemaria Escrivá, *É Cristo que passa*, n. 183.

sum, tudo atrairei a mim. O meu reino entre vós será uma realidade![9]

«No cume» equivale a «nas entranhas», pois dizer que o amor de Cristo vivifica uma atividade a partir das entranhas é como dizer que a preside do seu cume. Mas a expressão «no cume» ou «no cimo» acrescenta algo mais: indica que nessa atividade se deve ver a Cristo, pois:

> *Não se pode esconder uma cidade situada sobre uma montanha nem se acende uma luz para colocá-la debaixo do alqueire, mas sim para colocá-la sobre o candeeiro, a fim de que brilhe a todos os que estão em casa. Assim, brilhe vossa luz diante dos homens, para que vejam as vossas boas obras e glorifiquem vosso Pai que está nos céus* (Mt 5, 14-16).

Portanto, afirmar que o cristão tem de pôr Cristo no cume do seu trabalho significa que o amor com o qual o realiza tem de se manifestar na relação com os outros, em atitude de entrega e de serviço. Com naturalidade, deve-se notar a caridade de Cristo na conduta dos seus discípulos, ao lado da competência profissional.

Cada cristão deve tornar Cristo presente entre os homens; deve viver de tal modo que à sua volta se perceba o *bonus odor Christi* (cf. 2 Cor 2, 15), o bom odor de Cristo; deve agir de tal modo que, através das ações do discípulo, se possa descobrir o rosto do Mestre[10].

---

(9) *Ibidem.*

(10) *Idem,* n. 105.

Há também outro sentido para a expressão «pôr Cristo no cume das atividades humanas», que é consequência do que se disse antes. Quem faz seu trabalho por amor a Cristo e para que os homens, ao vê-lo, glorifiquem a Deus deve tratar de realizá-lo o melhor possível também humanamente, com a maior perfeição de que seja capaz: assim, põe Cristo no cume do seu trabalho. Isso não significa que tenha de ser o melhor nessa tarefa, mas sim que tem de se esforçar por levá-la a cabo com a maior perfeição humana que possa adquirir e pondo em prática as virtudes cristãs empapadas pelo amor a Deus. Pôr o Senhor no cume do próprio trabalho não quer dizer êxito terreno; é algo que está ao alcance de todos, não só de alguns particularmente dotados; é uma exigência pessoal: cada um tem de pôr Jesus Cristo no cume da sua atividade, ainda que humanamente não se destaque nela.

No entanto, o sentido mais profundo deste «pôr Cristo no cume das atividades humanas» é o de unir o trabalho e todas as atividades retas à Santa Missa, cume da vida da Igreja e do cristão[11]. Aí se encerram os sentidos anteriores, porque unir o trabalho ao sacrifício de Cristo implica realizá-lo por amor e com a maior perfeição humana possível. Então o trabalho se converte em um ato de culto a Deus: se santifica por sua união com o Sacrifício do Altar, renovação ou atualização sacramental do sacrifício do Calvário, «converte-se em obra de Deus, *operatio Dei,* Opus Dei»[12]. O sentido tradicional da expressão Opus Dei – que designa o ofício litúrgico – abre-se, nas

---

(11) Cf. Concílio Vaticano II, Constituição dogmática *Lumen gentium*, n. 11; Constituição *Sacrosanctum Concilium*, 4.12.1963, n. 10.

(12) Josemaria Escrivá, *Entrevistas com Mons. Josemaria Escrivá*, n. 10.

palavras de São Josemaria, ao trabalho e a todas as atividades humanas. Essa expansão pede que o cristão seja «alma de Eucaristia» ao longo da sua jornada, porque só assim Cristo estará no cume da sua atividade.

Peçamos, pois, ao Senhor que nos conceda a graça de sermos almas de Eucaristia, que a nossa relação pessoal com Ele se traduza em alegria, em serenidade, em propósitos de justiça. E assim facilitaremos aos outros a tarefa de reconhecerem Cristo, contribuiremos para colocá-lo no cume de todas as atividades humanas. Cumprir-se-á a promessa de Jesus: *Eu, quando for levantado sobre a terra, tudo atrairei a mim*[13].

A Eucaristia edifica a Igreja porque reúne num só Corpo aqueles que participam dela: *Uma vez que há um único pão, nós, embora sendo muitos, formamos um só corpo, porque todos nós comungamos do mesmo pão* (1 Cor 10, 17). A Eucaristia «é o cumprimento da promessa do primeiro dia da grande semana de Jesus: *Quando eu for levantado sobre a terra, atrairei todos a mim* (Jo 12, 32)»[14]. Chega-se a entrever então o profundo significado que encerra o fato de que a luz recebida por São Josemaria sobre este texto lhe fosse dada precisamente «enquanto levantava a hóstia»[15]: no momento da consagração, na Santa Missa. Quando o cristão une seu trabalho ao sacrifício do Altar, esse trabalho santificado edifica a Igreja, porque torna presente a força unificadora da Eucaristia: a ação de Cris-

---

(13) Josemaria Escrivá, *É Cristo que passa*, n. 156.

(14) Joseph Ratzinger, *La Iglesia, una comunidad siempre en camino*, Madri, 1991, pág. 125.

(15) São Josemaria Escrivá, *Carta*, 29.12.1947/14.2.1966, n. 89.

to que, pelo Espírito Santo, atrai todos os homens e todas as coisas a si.

O caminho que Deus quis mostrar a São Josemaria para que Cristo reinasse neste mundo é: que cada um pessoalmente procure santificar seu trabalho, pondo nele a Cruz de Cristo – ou seja, unindo-o ao Sacrifício do Calvário que se atualiza na Eucaristia – a fim de o tornar fermento de vida cristã no meio do mundo. Um modo pouco vistoso de contribuir para o reinado de Cristo, mas portador da eficácia da promessa divina:

> Se vós me puserdes nas entranhas de todas as atividades da terra, cumprindo o dever de cada momento, sendo meu testemunho naquilo que parece grande e naquilo que parece pequeno... então, *omnia traham ad meipsum*! Meu reino entre vós será uma realidade![16]

Pôr Cristo no cume «de todas as atividades humanas» para que Ele reine não significa que o seu reinado será o resultado do influxo humano de um grande número de cristãos agindo em todas as profissões. É o Senhor que atrairá a si todas as coisas, se um punhado de cristãos fiéis, homens e mulheres, procurarem ser autenticamente santos, cada um no seu lugar no meio do mundo. Não é uma questão de proporções humanas. O que São Josemaria entendeu é que a nós, cristãos, cabe colocar Cristo nas entranhas da nossa atividade – talvez de muito pouco relevo social – e que, se assim fizermos, Ele atrairá todas as coisas a si: não só aquelas que são efeito do nosso limitado trabalho, mas todas e em todo o mundo.

---

(16) São Josemaria Escrivá, *Notas de uma meditação*, 27.10.1963.

Estava claro que aquelas palavras relatadas por São João – *et ego si exaltatus fuero a terra, omnia traham a meipsum* (Jo 12, 32) –, deviam ser entendidas no sentido de que O alçássemos, como Senhor, ao cume de todas as atividades humanas: que Ele atrairia tudo a si, em seu reinado espiritual de amor[17].

Reinado de Cristo e progresso temporal

Assim como querer que Cristo reine na própria vida inclui buscar a perfeição humana – mediante a prática das virtudes informadas pela caridade –, querer também que Cristo reine na sociedade exige buscar o aperfeiçoamento desta: o bem comum temporal, do qual o progresso faz parte. Na realidade, o bem da pessoa e o da sociedade não são meramente paralelos, como se a busca de um pudesse ser independente do outro. O que chamamos bem comum da sociedade é o bem das pessoas que a constituem. E, por sua vez, o bem das pessoas contribui para o bem comum da sociedade, sempre que este último seja entendido de modo integral. As condições da vida social que procuramos melhorar não se reduzem ao desenvolvimento econômico e ao bem-estar material, ainda que certamente o incluam. Também são, e antes – em sentido qualitativo, não no de urgência temporal, em que às vezes a preferência pode ser dos aspectos materiais –, a liberdade, a justiça, a moralidade, a paz, a cultura: tudo o que corresponde em primeiro lugar à dignidade da pessoa humana.

---

(17) São Josemaria Escrivá, *Carta*, 14.2.1944, n. 19.

190 TRABALHAR BEM, TRABALHAR POR AMOR

A sensibilidade de São Josemaria com relação a esse tema é muito aguda:

Compreende-se muito bem a impaciência, a angústia, os anseios inquietos daqueles que, com alma naturalmente cristã (cf. Tertuliano, *Apologeticum*, 17), não se resignam perante as situações de injustiça pessoal e social que o coração humano é capaz de criar. Tantos séculos de convivência entre os homens, e ainda tanto ódio, tanta destruição, tanto fanatismo acumulado em olhos que não querem ver e em corações que não querem amar.

Os bens da terra, repartidos entre poucos; os bens da cultura, encerrados em cenáculos. E, lá fora, fome de pão e de sabedoria; vidas humanas – que são santas, porque vêm de Deus – tratadas como simples coisas, como números de uma estatística. Compreendo e partilho dessa impaciência, levantando os olhos para Cristo, que continua a convidar-nos a pôr em prática o *mandamento novo* do amor[18].

«O progresso retamente ordenado é bom e Deus o quer»[19]. A busca do progresso temporal ordenado ao reinado de Cristo é parte integrante da santificação do trabalho profissional. E o é porque a santificação do trabalho implica a elevação da mesma realidade humana do trabalho à ordem da santidade. «Humanamente o trabalho é fonte de progresso, de civilização e de bem-estar»[20]. Por sua natureza, o trabalho humano é «meio imprescindível

---

(18) Josemaria Escrivá, *É Cristo que passa*, n. 111.

(19) *Idem*, n. 123.

(20) São Josemaria Escrivá, *Carta*, 31.5.1954, n. 17.

para o progresso da sociedade e o ordenamento cada vez mais justo das relações entre os homens»[21]. Quem queira santificar o trabalho não pode abrir mão dessa realidade. Necessariamente terá de aspirar ao progresso temporal, para ordená-lo a Deus. «Não é admissível pensar que, para sermos cristãos, seja preciso voltarmos as costas ao mundo, sermos uns derrotistas da natureza humana»[22]. Este progresso não é, no entanto, o fim último sobrenatural, nem a antecipação deste, porque nenhum bem terreno pode ser em si mesmo incoação de bens sobrenaturais. Isso não é tirar importância do progresso humano. É somente não o idolatrar. A sua busca é um fim subordinado à busca da santidade, ao fim último sobrenatural.

Quis o Senhor que, com a nossa vocação, manifestemos aquela visão otimista da criação, aquele amor ao mundo que pulsa no cristianismo. O entusiasmo não deve faltar nunca, nem em vosso trabalho, nem em vosso empenho por construir a cidade temporal. Ainda que, ao mesmo tempo, como discípulos de Cristo que crucificaram a carne com suas paixões e concupiscências (cf. Gl 5, 24), procurareis manter vivo o sentido do pecado e da reparação generosa, frente aos falsos otimismos daqueles que, inimigos da cruz de Cristo (Fl 3, 18), calculam tudo em termos de progresso e energias humanas[23].

---

(21) Josemaria Escrivá, *Entrevistas com Mons. Josemaria Escrivá*, n. 10.

(22) Josemaria Escrivá, *É Cristo que passa*, n. 125.

(23) São Josemaria Escrivá, *Carta*, 9.1.1959, n. 19.

Direção geral
Renata Ferlin Sugai

Direção de aquisição
Hugo Langone

Direção editorial
Felipe Denardi

Produção editorial
Juliana Amato
Gabriela Haeitmann
Karine Santos
Ronaldo Vasconcelos

Capa
Gabriela Haeitmann

Diagramação
Sérgio Ramalho

ESTE LIVRO ACABOU DE SE IMPRIMIR
A 21 DE JANEIRO DE 2025,
EM PAPEL IVORY SLIM 65 g/m^2.